林肯图传

[美] 拉塞尔·弗里德曼◎著

曾桂娥◎译

长江出版传媒 长江文艺出版社

林肯与儿子塔德，1864 年

目 录

CONTENTS

As I would not be a _slave_, so I
would not be a _master_. This ex-
presses my idea of democracy —
Whatever differs from this, to the
extent of the difference, is no
democracy —

A. Lincoln —

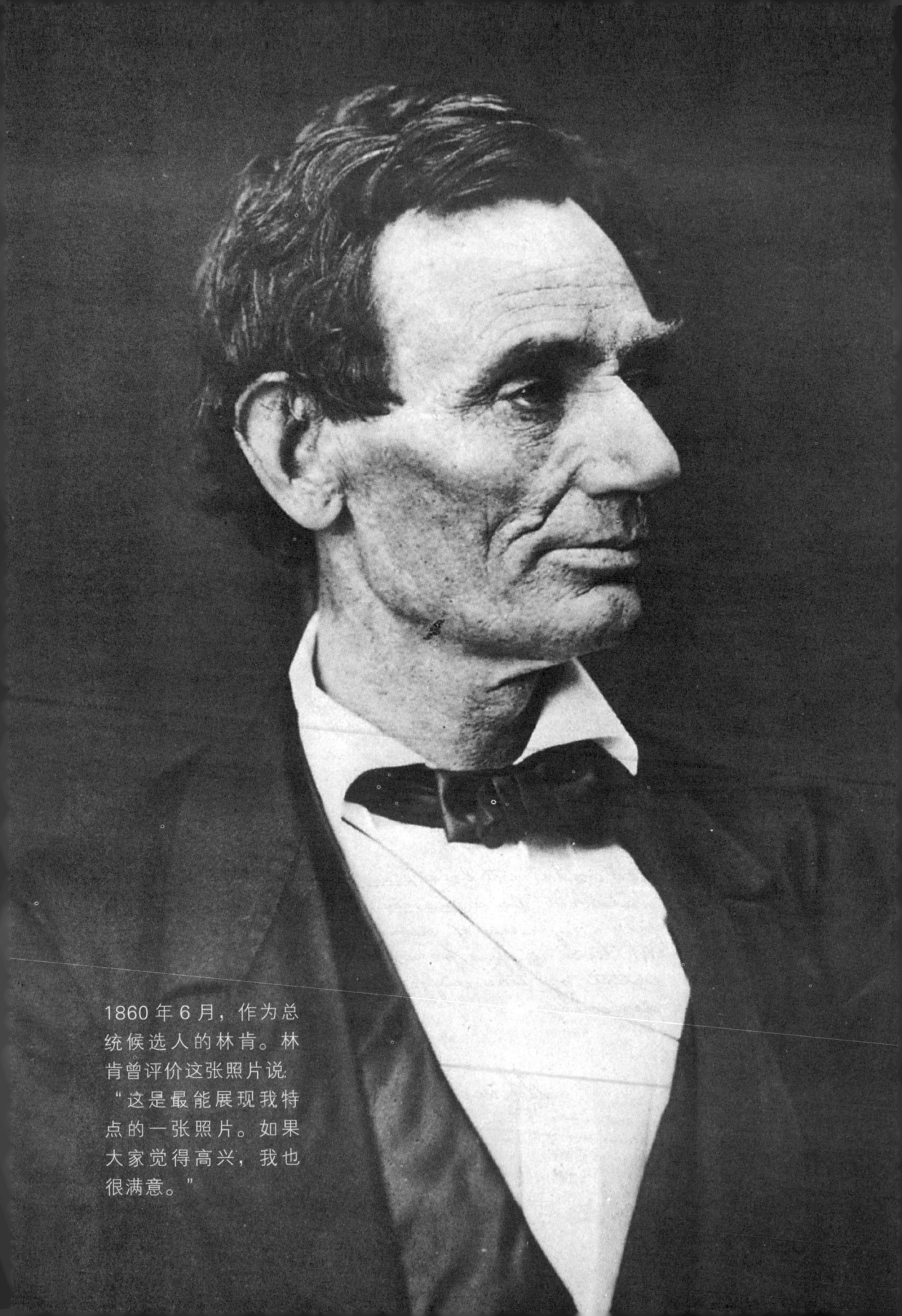

1860 年 6 月，作为总统候选人的林肯。林肯曾评价这张照片说：
"这是最能展现我特点的一张照片。如果大家觉得高兴，我也很满意。"

Chapter 1

神秘的林肯先生

亚伯拉罕·林肯——出身草根的美国著名总统，在任期间废除了美国黑人奴隶制。他受人敬仰，一生充满传奇色彩。他是个什么样的人呢？现在就让我们揭开他的神秘面纱吧。

"如果有人想描绘我的话，可以说高高瘦瘦，身高近193公分，体重约81公斤。肤色黝黑、头发浓密、灰色眼睛，除此之外也没有什么别的特点了。"

亚伯拉罕·林肯不是那种会淹没在茫茫人海中的一类人，毕竟他身高近两米，而且还总戴着丝绒烟囱礼帽。

如此身高全仰仗于一双长腿，坐在椅子上时，他看起来跟大家差不多高，但一站起来，林肯便比他人高出一大截。

乍一看，大多数人都认为他长相平平。林肯也这么认为，曾经说自己的脸"瘦长得可怜"。年轻的时候，他十分在意自己的笨拙外表，但随着时间的流逝，他学会了自嘲。当竞争对手在政治辩论中称他为"两面派"时，林肯反驳道："关于这一问题，听众自有定论。如果我真有另一张脸，你觉得我会用现在这张脸示人吗？"

熟识林肯的朋友们评价他的性格具有多面性。安静的时候，他常常看起来悲伤忧郁，但只要他一开口说话，表情便活泼起来。一名芝加哥的报社记者曾形容说："他那沉闷黯淡且无精打采的面容仿佛面具一般瞬间掉落，眼睛里散发着光芒，嘴角露出微笑，整张脸都鲜活生动起来。陌生人可能会说，'这个男人又瘦又严肃，现在看其实还很英俊呢！'"

林肯是他那个时代拍照最多的人，然而他的朋友们都认为没有一张照片能呈现真实的林肯。这也丝毫不奇怪，在那个时代，相机技术还不发达，拍照时需要长时间曝光，照相者必须保持数秒"静止"，假如他眨了眼睛，那照片就会失焦。这就是为何林肯在照片中总是看起来僵硬严肃，我们从来没有见过他开怀大笑或讲笑话时的照片。

艺术家和作家们都试图去发现镜头下缺失的"真实"的林肯，可总有他们所察觉不到的东西。他那多变的表情、容貌、语调和姿势，似乎都与描述的大不相同。

如今我们也难以想象林肯究竟是怎样的一个人，而他也不愿透露太多自己的事情。与人相处时，他机智健谈，却很少流露自己内心的感受。据他的律所合伙人威廉·赫恩登说，林肯是"有史以来最神秘、沉默、口风最紧的人"。

在当时那个年代，即便他最亲密的朋友们也从未彻底地理解林肯。他的故事世代相传，让他成为一个有血有肉的传奇人物。虽然传奇往往源于真实事件，但也只是部分属实，将这个人物隐于幕后。

传奇人物林肯被人称为"诚实的亚伯"，这个在荒野里长大的无名小卒从一间小木屋走向白宫。毋庸置疑，贫苦的小林肯后来功成名就。他把乡间的举止和随意的谈吐一同带入白宫也是事实，他会向拜访者们问候"咋样儿"，并邀请他们坐下"待会儿"。他常常穿着地毯拖鞋接见外交官们，在正式招待会场右图：1862 年 10 月 3 日，林肯参观靠近马里兰州夏普斯堡的第五军团总部。同往常一样，他戴着一顶烟囱帽，比将军乔治·布林顿·麦克莱伦及其同伴高出一头

合称其妻子为"孩子他妈"，还时常在内阁会议上讲几个段子。

　　林肯看似平凡无奇，但事实并非如此。朋友们一致认为林肯是他们见过的最有雄心壮志的人之一，他努力摆脱自己的小木屋出身，并且对自己的成就感到骄傲。竞选总统之时，他已经从律师业务和许多投资中赚取了丰厚的收入。至于昵称"亚伯"，他厌恶至极，熟知他的人从来没有谁会当面叫他亚伯，他们一般都称呼他林肯或林肯先生。

　　人们时常形容林肯有些邋遢，穿衣不讲究，对自己的外表不加修饰。事实上，他每年都会去伊利诺伊州首府斯普林菲尔德最好的裁缝店，定做两套西装。在那个时代，很多人一辈子甚至连下葬时都穿着同一套西装。

　　林肯的确没有接受过多少正规"教月"——他会把教育这个单词读成"教月"，所有他"淆会"的东西基本上都是自学的成果。他一生都把"那里"说成"辣里"，"得到"说成"答到"，"能"说成"棱"。即便如此，他依然是一位善于雄辩的公共演说家，令广大听众为之着迷。同时他还是一位优秀的

作家，那些经典的词句至今依旧回荡在我们耳边。大家都知道
他常常熬夜，同白宫的参观者们一起讨论莎士比亚戏剧。

　　林肯无疑是个幽默的人，时常逗得大家捧腹大笑。但是他
同样也会郁郁寡欢，情绪多变，长期遭受抑郁的折磨。幽默则
是他的良药，朋友们发现林肯讲起故事的时候，"悲伤就会慢

慢消失"。

他在法庭上头脑冷静，逻辑清晰，解决问题时方法实际，合乎常理，但同时他也非常迷信，信奉梦境、预兆以及幻象。

今天我们将林肯奉为美国民族英雄，可是，在内战期间他是整个民族史上最不受待见的总统。批判者们称他为暴君、乡巴佬，一个不配坐镇白宫的乡野莽夫。他是军事武装力量的总司令，有人说他是一个笨手笨脚的门外汉，什么都不懂，却还要掺和军事。但他也有众多拥护者，他们称赞林肯是一个有远见的政治家，一位引领联邦胜利的伟大军事家。

林肯最为著名的成就便是解放黑奴运动，因而被人们称为"伟大的解放者"，但当时他并未怀着这个想法参战。1862年，他曾说道："这次战斗的首要目的是拯救联邦，既不是为了保留奴隶制，也不是为了废除它。"但随着战争的持续，林肯的态度发生了改变，最终他逐渐把这场战争视为一场消除奴隶制罪恶的道德圣战。

黑人领袖中对林肯批评意见最大的非弗雷德里克·道格拉斯莫属。弗雷德里克·道格拉斯是坚定的废奴主义者、作家、编辑，他自小就是黑奴，逃到美国北部后才获得了自由。战争初期，他对林肯瞻前顾后的领导风格表示十分不满，称其为"典型的白人总统，从来只考虑白人的利益"。后来，道格拉斯改变了他的想法，并逐渐开始敬重并喜欢林肯。战争结束几年后，他这样评价这位第十六任总统：

"他最伟大的使命是完成两件事：一是拯救这个走向分裂和毁灭的国家；二是废除罪恶的黑奴制……整体而言，在如此巨大繁重的任务面前，需要思考达成目标的必要手段，需要从头至尾审时度势，智慧的老天爷派来的亚伯拉罕·林肯是最适合这份使命的人选。"

I was born Feb. 12. 1809, in Hardin county, Kentucky.
My parents were both born in Virginia, of undistin-
guished families — second families, perhaps I should say.
My mother, who died in my tenth year, was of a family of the name of Hanks,
some of whom now reside in Adams, and others
in Macon counties, Illinois — My paternal grand-
father, Abraham Lincoln, emigrated from Rock-
ingham county, Virginia, to Kentucky, about 1781 or
2, where, a year or two later, he was killed by
indians, not in battle, but by stealth, when he
was laboring to open a farm in the forest —
His ancestors, who were quakers, went to Virginia
from Berks county, Pennsylvania — An effort to
identify them with the New England family of the same name
ended in nothing more definite, than a similarity
of christian names in both families, such as
Enoch, Levi, Mordecai, Solomon, Abraham, and
the like —
My father, at the death of his father, was
but six years of age; and he grew up,
litterally without education — He removed
from Kentucky to what is now Spencer county, Indi-
ana, in my eighth year — We reached our new home

1859 年林肯的自传手稿

Chapter 2

来自乡间的少年

林肯小时候家境贫寒，他 7 岁时，全家搬到了印第安纳州的小木屋，靠开荒为生。林肯小小年纪就帮助家里干活儿，但他从未放弃对知识的追求，在田野里、在树下，他永远都抱着一本书在阅读。

"如果试图从我早年生活中找出什么不同寻常之处，那么绝对是找错了地方。我早年的一切都可以浓缩为一句话来概括——借用《格雷的挽歌》中的一句诗——'穷人们简朴而短暂的生平'。那就是我的人生，除此之外，无他。"

　　亚伯拉罕·林肯一向不喜欢谈论自己的早年生活。他出生在荒野地带的贫苦农家，在肯塔基州、印第安纳州以及伊利诺伊州的偏远土地上长大，从小就拿着斧头干活儿。

　　1809 年 2 月 12 日，林肯出生在肯塔基州霍金维尔县的一个小木屋内，屋子仅有一面窗、一扇门、一个烟囱和硬邦邦的泥土地板。他的父母用祖父的名字给他命名，老亚伯拉罕·林肯是个拓荒者，1786 年在肯塔基开荒种玉米时遭到了恶意印第安人的枪击，随即去世。

　　当全家收拾家当搬到诺不溪以北几公里处的另一个小木屋时，小林肯才刚学会走路，那是他记忆里的第一个家，是他可以光着脚跑来跑去嬉戏玩耍的地方。

　　他还记得诺不溪翻滚跳跃的溪水是那般鲜活，流淌经过林肯的小屋，最后消失在肯塔基山脉之中。有一回，他掉进了急

流的溪水中险些淹死，好在被一个邻家少年救起；还有一次，
他抓到了一条鱼，把它送给了路过的士兵。

林肯从未忘记他启蒙老师的名字：扎卡里亚·赖尼和凯莱
布·黑兹尔，他们就在两公里外的一间连窗户都没有的旧木屋
里进行教学，人们称木屋为"诵读学校"，各个年龄段的学生

从小木屋走进白宫——林肯在肯塔基州出生的小木屋的复制品

坐在硬木长凳上大声朗读课文。当林肯和比他大两岁的姐姐莎拉能从家务活中抽出一点点时间时，他们就一起去上学。他们手拉着手穿过灌木丛，跨过诺不溪下游的沙地，走到学校门前。在那里他们学会了从 1 数到 10，还学习了一点基本的读写和拼字规则。

他们的父母都不识字，母亲南茜仅会画一个歪歪扭扭的记号当作自己的签名。在林肯的记忆里，母亲是一个消瘦、眼神忧伤的女人。她总在田野间和丈夫一起劳作，傍晚的时候，她让孩子们环绕在自己身旁，给他们讲述那些她还记得的祷文和圣经故事。

父亲托马斯是一个魁梧强壮的农民兼木匠。1806 年，他和南茜·汉克斯结婚后就努力开荒劳作，他非常热爱交际，每天最大的乐趣就是和朋友们开开玩笑，讲讲故事。托马斯·林肯要费很大的劲才能勉强写出自己的名字。和妻子一样，他也没有受过任何教育，但在那个时候这再正常不过了。他在自己的土地上勤勤恳恳耕种来供养家庭，等待着机会改善现状。

1816 年，托马斯打算再次搬家去北部的印第安纳州，那里即将加入联邦，成为美国的第 19 个州。当时林肯才 7 岁，他记得那 100 多公里是他一生中最艰辛的旅程。全家人在 12 月一个寒冷的早晨整装待发，两匹马驮着他们全部的家当。他们搭乘临时渡船横跨俄亥俄河，穿过高耸的森林，然后在杂乱的灌木丛中开辟出一条小路，抵达小鸽子溪边的一片荒野，他们将在那里建设新的家园。

托马斯用木头和树枝搭起了一个临时过冬的棚子，十分粗糙

托马斯·林肯，目前公认的林肯父亲的肖像，拍摄日期不详

简陋，只有三面，他在朝向外侧的一面生起篝火，这样不仅可以驱寒，同时还可以吓退附近的野生动物。到了晚上，他们就裹紧熊皮蜷在火堆边入眠，林肯和莎拉整夜都能听见狼嚎豹吼。

林肯就在这个棚子里度过了 8 岁生日。相比同龄人，他长得很高，"典型的长手长脚少年"，已经可以挥得动斧头，于是他开始帮助父亲一起开荒。他们在树桩间撒下玉米和南瓜的种子，并且建造了一座新木屋，这是目前为止最大的一间，林肯每晚爬上楼梯，睡在屋顶下的阁楼里。

木屋竣工后不久，南茜的一些亲戚也搬了过来。她的叔叔婶婶还有养子丹尼斯决定跟随林肯一家的步伐来到印第安纳州。丹尼斯·汉克斯来了之后，不仅林肯的父亲托马斯多了一个帮手，林肯也有了一个可以一起奔跑玩耍的大哥哥。

　　第二年，南茜的叔叔、婶婶因患上了可怕的"乳毒病"（现今得知是由一种名叫皱叶泽兰的有毒植物所致）而相继去世。1818年夏天，这场可怕的流行疾病席卷了印第安纳州的森林地带，南茜一直照顾着亲戚们，后来自己也被传染。林肯眼睁睁地看着母亲痛苦地躺在床上，她打着冷战，还发高烧，挣扎了7天后不幸去世，年仅34岁。丹尼斯·汉克斯回忆道："她知道自己将不久于人世。弥留之际，她把孩子们都唤到身旁，告诉他们要善待他们的父亲，善待他人和整个世界。"

　　托马斯用黑樱桃木做了一副棺材，9岁的林肯削好木钉把木板钉在一起。他们把南茜葬在向风的山坡上，紧挨着她的叔叔和婶婶。11岁的莎拉接替了母亲的工作，在这个孤零零的小木屋里为她父亲、兄弟和表兄丹尼斯做饭、打扫卫生、缝补衣服。

　　一年以后，托马斯·林肯回到肯塔基州，再回来的时候带着新妻子莎拉·布什·约翰斯顿。他们坐着四匹马拉的马车，莎拉还带着3个孩子和所有的家产。林肯和姐姐是幸运的，因为他们的继母是一个温暖而有爱心的人，她把这些没有母亲的孩子们视若己出，用心呵护他们成长。她还把长期疏于照料的林肯小屋布置得漂漂亮亮，现在这个带有阁楼、烟雾缭绕的房间里已经挤了8个人，他们一起吃饭，一起睡觉，一起生活。

　　林肯就像向日葵一般迅速地长高，很快便长成一个瘦削的年轻人。他的大手骨瘦如柴，头发浓密凌乱，皮肤黝黑，灰色的眼睛明亮有神。现在他已经把斧头用得游刃有余，是父亲的得力助手。有时父亲也让他为别人打工，一天挣25美分。这个少年会挖井、伐木、修猪圈、劈栅栏条。"他的斧头真神了！"

莎拉·布什·林肯，现存的唯一一张林肯继母的照片，拍摄于 1865 年，当时她已 77 岁

一个朋友曾经感叹道，"他的斧头一闪而过，砍进甘蔗树或梧桐树，然后树就倒下来了。如果你听到他在空地上砍树，看到树倒下去的样子，你会以为有 3 个人在工作。"

与此同时，他还会去上"一丁点儿"学，今年冬天里去几周，明年冬天可能去一个月。林肯后来说，他所有的学校生活加起来"还不到一年"，一些课业零零星星地幸存下来，包括他在自制的算术书中写的一段诗："亚伯拉罕·林肯 / 双手亦可文 / 他将有所成 / 上帝知何时。"

大多数情况下他会通过借书和报纸来自学。关于林肯如何在偏远荒地努力读书来充实自己的故事有很多，他会反复阅读那些自己喜爱的书籍，让自己沉浸于《鲁滨孙漂流记》的冒险

林肯自制抄写本中的一页。在这一页下方，他认真地写了四行诗，这是现存的最早的林肯笔迹

或《一千零一夜》的奇幻故事之中，也会为乔治·华盛顿传记中动人心弦的独立战争章节心潮澎湃。后来，他开始喜欢诗歌的韵律和节奏，只要一有空就背诵莎士比亚或苏格兰诗人罗伯特·伯恩斯的诗句。他总会随身带一本书到田地里去，这样一来，每次犁好一条田沟，他就能趁着马儿休息的空当看一会儿书。

到了中午，他会坐在树下边吃饭边看书。"从亚伯 12 岁以后，我从来没见过他放下书的时候，他总是在看书，口袋里也总随身揣着一本书，"丹尼斯回忆道，"一个家伙那样读书简直太不寻常了。"

林肯 16 岁的时候身高已经有 1 米 8，"最瘦长笨拙的家伙……看起来还是挺协调的"，一位邻居说道。他可能其貌不扬，但艰苦的体力劳动使他的身体强壮瘦削，手臂肌肉发达如同钢索。他可以伸直手臂，水平笔直地抓住樵夫的斧头手柄，他是附近最优秀的摔跤手，也是跑得最快的人。

他还擅长搞笑和讲故事。林肯和他父亲一样喜欢说话也喜欢倾听。也就在那时他发现了一本名叫《演讲的技巧》的书，里面写了许多进行公众演讲的建议。他常常在朋友们面前练习，站在树桩上，热情地模仿一些经常去小鸽子溪的流动传教士和政治家们，为大家带来欢乐。

大家都喜欢林肯，他们认为林肯是一个幽默随和的伙伴，也许是个书虫，但是聪明又乐于助人。即便如此，人们也注意到他喜怒无常、性格孤僻的一面，正如朋友所说，他"时而机智、时而忧郁、也时而深沉"。

17 岁时，林肯离家几个月，在俄亥俄河上做渡船工人的助手。1828 年，林肯 18 岁，那年冬天姐姐莎拉在生第一个孩子的时候不幸离世。

同年春天，亚伯拉罕有机会离开偏远荒地，去看外面的世界。当地一位名叫詹姆斯·金特里的商人雇用林肯陪儿子艾伦前往新奥尔良。两个男孩带着乡下特产，划着平底船沿着俄亥俄河漂流到密西西比河，撑着长竿避开障碍物和沙洲，在船来船往的河流中穿行。

新奥尔良是他们见过的第一座真正的城市，让他们大开眼界。宏伟的港口挤满了从世界各地远道而来的帆船，城市的鹅卵石街道熙熙攘攘，到处都是说着陌生语言的水手、商人和冒险家，而且到处都是黑奴。林肯永远无法忘记黑色皮肤的男人、女人还有小孩戴着锁链像牲口一样被拍卖的情景。那个时代新奥尔良有 200 多个奴隶贩子。

男孩们卖掉了货物和平底船，乘汽船返回上游。三个月的旅程让亚伯拉罕赚了 24 美元，在当时那可是一大笔钱。但按照法律和习俗，他把钱交给了父亲。

托马斯·林肯考虑再次举家搬迁。他听说伊利诺伊州有着无边无际的大草原，黑土肥沃。1830年初，托马斯卖掉了他的印第安纳农场。林肯一家

林肯，密西西比河上的平底船夫，出自 H. 布朗的旧版画

把他们所有的家当堆满了两辆牛车，在泥泞的道路上再次出发。那时林肯刚满 21 岁，自己独自驾着一辆牛车。他们一路向西，到达位于伊利诺伊中部的新家园，那里离迪凯特不远。林肯再次帮助父亲建造了一座小屋，开垦出一个新农场。

　　他陪伴家人度过了他们在大草原上的第一个冬天，但之后他开始感到焦虑，因为他遇到了一个名叫丹顿·奥弗特的生意人，他想让林肯把一船货物运到新奥尔良。林肯同意和他的继

兄约翰·约翰斯顿和表兄约翰·汉克斯一起完成这趟运输工作。

　　3个月后，他回到伊利诺伊州，很快与父亲和继母辞行。亚伯拉罕已经22岁，在法律上已是成年人，有权自己做任何决定。他的父母都已被安顿妥当，让他没有后顾之忧。丹顿·奥弗特计划在伊利诺伊州正繁荣兴起的新塞勒姆开一家杂货店，他向林肯保证会有一份稳定的工作。

现今重建的新塞勒姆村，前面是木栅栏

　　1831 年 6 月，林肯来到新塞勒姆城。他穿着一件褪色的棉布衬衫，一条遮不住脚踝的蓝色牛仔裤，他后来这样描述自己："一个背井离乡、胸无点墨、身无分文的男孩。"他白天负责照看丹顿·奥弗特商店的生意，晚上就睡在柜台后面的一个房间里。

　　村庄坐落在桑加蒙河畔悬崖上的一片树林里，两年前刚建立，村里大约只有 100 人。乡亲们都住在只有一两个房间的木

这家名叫"新塞勒姆"的百货商店曾是乡村生活的中心

屋里，牛在栅栏后面吃草，猪在尘土飞扬的小路上拱来拱去，鸡啊鹅啊在脚边扑腾。新塞勒姆仍然是个小地方，但它正在发展壮大，来这里定居的人们希望这个边境小镇日益繁荣起来。

　　林肯凭借着讲故事和擅长社交的天赋很快就融入了这个村庄的生活。他展示自己的斧头技艺，参加赛跑，广交朋友。无论是校长门特·格雷厄姆还是克莱里格罗夫男孩帮派头目杰克·阿姆斯特朗，林肯与他们都处得很好。阿姆斯特朗是新塞勒姆的摔跤冠军，他很快向林肯发起挑战，要求一决胜负。

　　到了比赛的日子，乡亲们兴奋地聚集在河边，在摔跤手赤膊上阵时纷纷下注。他们先绕着场地转了一圈行礼，然后缠斗在一起，腾挪扭打，最终林肯把对方压倒在地。当他把阿姆斯特朗的肩膀压死在地上时，克莱里格罗夫男孩帮派的其他人也加入了混战。林肯挣脱出来，退到悬崖边，向他们提出挑战，但一次只能上一个人。阿姆斯特朗深受感动，跳起身来，跟林肯握手，宣布比赛打成平局。从那以后，他们成为最好的朋友。

林肯还跻身于当地知识分子之列，加入了新塞勒姆辩论协会，每周都在詹姆斯·拉特利奇的酒馆举行一次聚会。第一次辩论时，他似乎有些紧张，但当他开始用尖利的高音说话时，他那强有力的逻辑论证震惊了在场的每个人。一名辩手回忆道："他已经是一个优秀的演讲者，他所缺少的只是文化内涵。"

林肯自知学识浅薄，下决心要努力提升自己。门特·格雷厄姆校长也是

杰克·阿姆斯特朗，克莱里格罗夫男孩帮派领导者

门特·格雷厄姆，新塞勒姆学校校长

一位辩论家，而且非常喜欢这个年轻人，不仅借书给他，还主动提出教他英语语法的要点。奥弗特商店的生意并不忙，林肯有足够的时间去学习，可以长时间地坐在柜台后阅读。

1832 年，商店倒闭，奥弗特开始着手其他计划。林肯也必须找些事情来做，23 岁时他决定竞选伊利诺伊州立法委员。为什么不呢？他认识镇上的每个人，大家都喜欢他，而且作为一名公共演讲者，他的自信心得到了极大提升。朋友们也敦促他竞选，还说聪明的年轻人一定能在政治上大展宏图。因此林肯宣布参加竞选并且制订了从政计划，他支持地方改善环境，比如改善道路和运河，并对桑加蒙河进行了研究，并建议将其疏浚和清理，以便汽船可以停靠在新塞勒姆，让小镇有一个美好的未来。

竞选开始之前，伊利诺伊州北部爆发了一场印第安人之间的战争。索克族和福克斯族的黑鹰酋长穿过密西西比河，据其称他们打算夺回 30 年前被掠夺的土地，种植玉米。白人定居者受到了惊吓，州长发动志愿者们抵御入侵。林肯加入了由朋友和邻居组成的民兵组织，当人们推选他为队长、杰克·阿姆斯特朗为第一军士长时，他既惊讶又高兴。他的部队不断地练兵，但从未见过任何敌对的印第安人。多年后，林肯拿这 3 个月的当兵经历开玩笑，讲述他是"如何在与蚊子的浴血奋战中幸存下来的"。

当他回到新塞勒姆时，距选举日只剩下两个星期了。他立即投身竞选，与选民一起比赛扔马蹄铁，在烧烤聚会上发表演讲，在田里与农民聊天，在乡村商店与顾客开玩笑。他输了，

13 人中票数排名第八。但在人们都了解他的选区，300 张选票中他获得 227 票。

作为一名政治家，这一次竞选他以失败告终，于是他决定试试自己作为边境商人的运气。林肯和威廉·贝瑞一起经营一家杂货店，出售斧头、蜂蜡等各类商品。但这两个人在做生意上并没有什么天赋，商店"眨眼就倒闭了"，林肯当时是这么形容的。后来贝瑞去世，留下林肯背负着 1100 美元的债务。对一个月收入不过几美元的人来说，这是一笔巨大的债务，林

林肯和威廉·贝瑞经营的杂货店的内部布局

肯称之为"国债"。但他发誓要偿还每一分钱，在接下来的 15 年里他一直在做这件事。

为了养活自己，他做过各种零工，劈围栏木条，下田种地，在当地的农庄帮忙，等等。在朋友们的帮助下，他被任命为新塞勒姆的邮政局长，这是一份年收入约 50 美元的兼职工作。后来，他又有机会成为当地测量员的副手，不过他对测量一无所知。他买了一个指南针、一条测量链和几本有关这个领域的教科书。六个星期内，他就自学成才，开始规划道路和城镇用地蓝图，并划出地产边界。

他做调查员时脚步走遍全县，还把邮件送到远方的农场，人们逐渐了解到林肯是一个诚实可靠的人。人们信任他，请他帮忙给合同作公证，解决土地争端，或者为那些不会写字的乡亲代笔写信，邻居们从那时开始第一次叫他"亚伯"。

1834 年，林肯再次竞选州立法委员，这一次他在 13 名候选人中排名第二，而且是桑加蒙县当选伊利诺伊州众议院议员的 4 位候选人之一。11 月，他穿着一套赊账买来的价值 60 美元的定制西装，那是他拥有的第一套西装，这位 25 岁的州议员坐上马车，奔赴万达利亚的首府。

那时，伊利诺伊州的立法者每天有 3 美元的报酬来支付他们的开支，但这只在议会开会期间，林肯还是得靠自己想办法谋生。他的同僚约翰·托德·斯图尔特是一位初露头角的年轻律师，强烈建议林肯学习法律。正如斯图尔特所说，这是每个有政治抱负的人的理想职业。

事实上，在成为律师这个问题上林肯一直犹豫不决。多年

伐木工林肯，L.C. 费里斯绘

来，他一直在边境法院周边徘徊，看着乡村律师时而咆哮，时而昂首阔步，交叉询问证人，在陪审团面前发表激动人心的演讲。他曾经担任陪审团成员，作为证人出庭，为邻居们起草法律文件，甚至在当地治安法官面前辩护了几个案件。

是的，法律激发了他的兴趣，这将赋予他一个绝佳的机遇，让他摆脱艰苦的体力劳动，运用自己的智慧在社会上崭露头角并赢得人们的尊重。

然而，因为担心自己没有受过多少正规教育，林肯犹豫了。但他的朋友斯图尔特一直告诉他这不是什么大问题，19世纪30年代没有几个美国律师上过法学院，他们会在执业律师办公室里"学习法律"，直到他们掌握足够的知识通过考试。

林肯决定全靠自学，他向斯图尔特借了一些法律书籍，在拍卖会上买了一些，开始阅读并背诵法律法规和判例。他回到新塞勒姆后，人们经常看到他走在路上大声背诵法律条文，或者躺在树下看书，一双长腿伸开，全身都舒展开来。1837年3月1日，通过近3年的学习，他终于通过了考试并获得执业资格。

那时，州立法部门正计划从万达利亚搬到新确定的首府斯普林菲尔德。林肯获得连任，同时他还接受了一份工作，在约翰·托德·斯图尔特的斯普林菲尔德律师事务所担任初级合伙人。

4月，他最后一次回新塞勒姆，收拾行李，与朋友们挥手道别。由于桑加蒙河上的蒸汽船航行太过危险，城市经济增长和繁荣的希望就此破灭。小村庄正在衰落，村民们纷纷离开，到别处寻找更光明的前景。

1840年，新塞勒姆已是一个荒凉的鬼城，倘若当时身无分文、雄心壮志的年轻的亚伯拉罕·林肯不曾在那里生活，那它肯定早就被人们遗忘了。

1846 年，担任草原律师的 37 岁的林肯。这张银版照片是现存最早的林肯肖像照片

1846 年，28 岁的妻子玛丽·林肯。他们拍摄这组照片时，林肯夫妇已结婚四年并育有两个儿子。玛丽后来说："这些照片对我来说非常珍贵，我们那时候正年轻，热爱彼此。"

Chapter 3

法律与政治

年轻的林肯事业有成，开设了自己的律师事务所，并且当选为美国众议员。同时，他也遇到了此生的挚爱——他的妻子玛丽。这段时间，他初步提出了废除奴隶制的法案。

"我学习法律，然后到斯普林菲尔德执业。"

　　28 岁时，林肯骑着一匹借来的马，口袋里揣着 7 美元，来到斯普林菲尔德。起初，他睡在合伙人律师事务所的沙发上，后来他遇到了和蔼可亲的年轻商人约书亚·斯皮德，他在市中心开了一家杂货店。

　　斯皮德认为林肯是他见过的面容最悲伤的人之一。他说："在我的生活中，我从来没有见过这么阴沉忧郁的脸。"但他喜欢这个来自偏远地区身材魁梧的律师，并邀请他到商店楼上的房间合住。林肯收拾起马鞍，爬上楼梯，来到斯皮德的房间，把袋子扔到地板上，咧嘴笑着说："天啊，斯皮德，我太感动了！"

　　斯皮德商店是一群单身汉的聚会场所，他们每周都会有几个晚上聚集在壁炉周围，讲讲故事，谈论政治。其中一个争强好胜的小律师史蒂芬·道格拉斯，从第一次见面开始，与林肯就有很多分歧。当时的主要政党是辉格党，他们支持强有力的华盛顿政府来引领国家的未来；而民主党则表示，州府应有权不受华盛顿政府的干涉掌管各州事务。道格拉斯是民主党人，而林肯是辉格党人，很快两人就成为了竞争对手。

  林肯踌躇满志，他的合伙人在法庭规范等细节方面给予他指导，他们一起打造了斯普林菲尔德业务最繁忙的律师事务所。与此同时，林肯很快成为辉格党领袖。他在 1838 年和 1840 年两次当选为伊利诺伊州众议员，共计四个任期，还提名为该党的国家中央委员会成员，该委员会主要负责为州政府挑选候选人。与此同时，他还成为青年辉格党有影响力的成员之一，曾与史蒂芬·道格拉斯领导的青年民主党长期辩论。

  他也坠入了爱河，显然这是他平生第一次。传说林肯曾与新塞勒姆酒馆老板的女儿安·拉特利奇有过一段悲惨的爱情，但是安·拉特利奇在 22 岁时就去世了。这个故事已经成为美国民间传说的一部分，但没有丝毫证据表明林肯曾经和安有过浪漫的爱情，历史学家认为他们只是好朋友。

  当林肯还住在新塞勒姆的时候，曾经半真半假地对玛丽·欧文斯献殷勤，但是并没有任何结果。众所周知，直至林肯邂逅玛丽·安·托德，他才真正发疯般地爱上了一个女人，玛丽·安·托德是肯塔基州一位富有银行家的女儿，被娇惯坏了，脾气无常。

  他们相遇时，林肯已经 30 岁，玛丽快 21 岁。她来斯普林菲尔德同姐姐伊丽莎白和姐夫尼尼安·爱德华兹住在一起，试图在城里的单身汉中寻找一个合适的伴侣。爱德华兹高雅的山顶豪宅是斯普林菲尔德政治领袖和社会精英们聚会的好地方，林肯和他的合伙人、伊丽莎白的堂兄一起参观了这座房子。

  他在 1839 年冬天邂逅了玛丽。她机智、活泼、时髦，正如一位朋友所描述的那样，她是"最令人兴奋的人"。她会说一口流利的法语，诗歌张口就背，熟悉所有最时兴的舞蹈，对

19 世纪 50 年代，林肯曾在斯普林菲尔德市中心执业。街道铺设了平整的木条，人行道由木板铺成

政治着迷，对任何事情都直言不讳。林肯被这位颇受欢迎的肯塔基美女迷住了，玛丽也被他吸引住了。

　　对许多人来说，这似乎是一场门不当户不对的恋情。林肯在斯普林菲尔德吵吵嚷嚷的政治圈子里如鱼得水，可他毕竟是

一个来自边远山区的粗人，在斯普林菲尔德上流社会的精致客厅里仍然感到局促不安。尼尼安·爱德华兹认为他是"一个高大粗鲁的人"，但是玛丽在林肯身上看到了巨大的希望，她钦佩他的雄心壮志。虽然他的羞怯令人尴尬，但她发现了一种吸引人的强烈感情，他有着她从未见过的"最志同道合的思想"。

至于林肯，他从未见过像玛丽这样的人。有她陪伴时，他全然忘记了自己局促不安的言行举止，感到很轻快自在，这种感觉在他与别人的交谈中从未有过。1840 年夏天，他们已陷入热恋。镇上的大小会客厅里，总能看到又瘦又高的林肯站在丰腴时髦的玛丽身旁。到了圣诞节，他们订婚了。

玛丽的姐姐和姐夫反对这门婚事。林肯也许是一个有价值的政治盟友，但对于托德这个显赫家族而言，他并不是一个合适的结婚对象。伊丽莎白一点也不喜欢他，抱怨说："他基本上不怎么说话，根本无法同一位女士长时间交谈，在同女性打交道方面他缺乏经验和天分。"爱德华兹夫妇看不起林肯，认为他是一个想方设法挤入上流社会的人。这个身材瘦长的乡巴佬从不谈他的出身，此外，他住在一家商店楼上的小房间里，而且还负债累累，玛丽完全可以选择一个更好的结婚对象。爱德华兹家不再欢迎林肯，玛丽的父亲也强烈反对这桩婚事。

伊丽莎白和尼尼安·爱德华兹夫妇，是林肯有权势的姻亲。两人试图阻止这桩婚姻

玛丽感觉自己受到了挑衅，她的婚姻大事轮不到别人来指手画脚！但是，托德一家的拒绝让林肯很受伤，他曾对朋友说："托德一家，难于上青天。"

1841年初，林肯解除了婚约。尽管以前经历过几次抑郁症，但现在他陷入了一生中最严重的情感危机。足足一个星期，他把自己锁在房内。镇上的人都说他"三天两头动不动发脾气"，有一两周整个人都处于疯癫状态。林肯给当时在国会任职的合伙人斯图尔特的信中写道："我想我一定是世界上最悲惨的人。如果要让世人均分我所受的折磨，那么这世上将看不到一张快乐的脸。"

15个月过去了，朋友们安排林肯和玛丽秘密会面。当他们再次见面时，他们知道爱情的火焰还会继续燃烧。1842 年 11 月 4 日，他们告诉伊丽莎白和尼尼安，他们打算结婚。

当天晚上，婚礼在爱德华兹的会客室举行，几个亲密的朋友见证了他们的结合。之后，这对新婚夫妇坐上马车，冒雨回到他们的第一个家——环球酒店一间带有简单家具的房间，每月支付 4 美元的膳宿费，这已是林肯能力范围内能给予妻子的最好的生活。几天后，他给一位朋友写信说："除了我的婚事以外，这里没有什么新鲜事。对我来说，婚姻是一件充满无限奇迹的事情。"

按照维多利亚时代的习俗，林肯要称呼妻子玛丽，而她则称呼他林肯先生。没过多久，两人就互称孩子他爹娘。他们的第一个孩子以玛丽父亲的名字来命名，叫罗伯特·托德。婚礼九个月后，小罗伯特就在环球酒店出生了。几个月后，在玛丽父亲的帮助下，林肯买了一幢舒适的房子，他们在那里住了 17 年。三个儿子相继在这幢房子里出生：1846 年出生的埃迪，1850 年出生的威利和 1853 年出生的托马斯 (塔德)。

林肯的事业蓬勃发展。在担任初级合伙人期间，他先后与约翰·托德·斯图尔特和斯蒂芬·洛根共事，之后他开设了自己的律师事务所，邀请年轻健谈的威廉·赫恩登加入，并成为他的初级合伙人。不久，他还清在新塞勒姆欠下的最后一笔债务，与此同时，他也在关注国会席位。1846 年，林肯赢得了辉格党的提名，经过激烈的竞选，他以绝对优势当选为美国众议员。

第二年，他和玛丽、4 岁的罗伯特和小埃迪一起前往华盛顿，

THE PEOPLE OF THE STATE OF ILLINOIS.

To any Minister of the Gospel, or other authorised Person—GREETING.

THESE are to License and permit you to join in the holy bands of Matrimony *Abraham Lincoln* and *Mary Todd* of the County of Sangamon and State of Illinois, and for so doing, this shall be your sufficient warrant.

Given under my hand and seal of office, at Springfield, in said County this 4 day of *November* 1842

A. W. Mattheny -Clerk.

Solemnized on the same 4th day of Nov. 1842 *Charles Dresser*

亚伯拉罕·林肯和玛丽·托德的结婚证,时间为 1842 年 11 月 4 日,他们于当夜结婚

他们搬进了国会山的辉格党政治家居住的公寓。但是玛丽在华盛顿百无聊赖,过得并不开心。三个月后,她收拾好行李,和孩子们一起回到肯塔基州,与她的家人一起度过林肯的剩余任期。林肯写信给她:"我不喜欢一个人待在这个旧房间里,罗

伯特和埃迪喜欢我给他们写的信么？别让那些小家伙们把我给忘了。"

林肯在国会任职期间，面临的主要问题是奴隶制在南方以外地区的蔓延，以及1846年爆发的美国和墨西哥之间的战争。林肯在国会就职时，美国军队已经占领了墨西哥城，墨西哥政府即将签署一项和平条约，放弃超过五分之二的领土，包括现在的加利福尼亚州、内华达州、犹他州、亚利桑那州和新墨西哥州的大部分地区，以及怀俄明州和科罗拉多州的部分地区。

许多辉格党人反对墨西哥战争。他们指责詹姆斯·波尔克总统领导的民主政府故意挑起冲突，目的是占领墨西哥领土。一些辉格党人指责这场战争是南方民主党人的阴谋，目的是攫取大片新地区来实现奴隶制扩张。

林肯从一开始就批评战争，在成为国会议员后不久，他提出了一系列抨击民主党战争政策的决议，称这场战争"不道德，没必要"。回到伊利诺伊州后，他的反战立场并不受欢迎，民主党报纸嘲笑他的立场"愚蠢至极"，指责他的言论是对总统的"叛国攻击"。伊利诺伊州全心全意地支持这场战争，林肯直言不讳的反战立场差点毁了他的政治生涯。

在奴隶制问题上，他的立场并不完全一致。他支持在从墨西哥掠夺来的土地上禁止实行奴隶制的法案，他还提出废除哥伦比亚特区的奴隶制的法案，但是当这项法案遭到辉格党和民主党的反对时，他便放弃了。除此之外，林肯并没有积极参与国会中不断壮大的反奴隶制运动。

这所位于斯普林菲尔德第八街和杰克逊街交界处的房子共花费 1500 美元，是林肯拥有的唯一房产。在这张 1860 年的照片中，林肯和儿子威利站在尖桩篱笆内的阳台上

他的两年任期令人失望。当他回到斯普林菲尔德的家时，又一次感到遗憾。林肯曾为辉格党和总统候选人扎卡里·泰勒鞍前马后，泰勒在 1848 年当选总统后，林肯希望自己的努力能够被认可，担任土地办公室专员，但那份工作却花落别家。当林肯的政治命运处于低谷时，他重新开始从事全职法律工作。

不久，家庭悲剧发生。不到四岁的儿子埃迪得了重病，经过两个月的挣扎，埃迪于 1850 年 2 月 1 日夭折，玛丽彻底崩溃。当时六岁的罗伯特还记得母亲难以控制的抽泣，父亲的黑眼圈，整个房子都仿佛陷入一片黑暗。玛丽把自己关在房间里，几个星期闭门不出，而林肯则埋头工作，以逃避丧子之痛。

林肯已经40多岁了，他时常会从家里步行几个街区到斯普林菲尔德市中心的律师事务所，半路上停下来和朋友打招呼，用他独特的高音聊天。他微微弯着腰，头也不抬，步伐坚定，如同在耕田一般。

林肯·赫恩登律师事务所位于州议会大厦对面一座砖砌建筑的二楼。他们有两间办公室，杂乱无章，很少打扫。两人都不太喜欢整洁，人们说橘子籽儿都能在这满是灰尘的办公室里发芽。林肯最喜欢把信件和文件放在他烟囱帽子的衬里，当他处理完文件后，就把它们藏在神秘的地方。在他去世后，赫恩登发现了一捆文件，

林肯家的客厅图片，刊登在 1860 年《弗兰克·莱斯利画报》上

上面写着："当你在别处找不到时，请看这里。"

每当有访客来时，林肯总是用他的笑话或趣闻轶事做开场。一天早上，一个朋友亲耳听到他把同样的故事分别说给三个不同的访客听，"每一次，他都开怀大笑，像讲一个新故事一样津津有味。"

在他们杂乱的办公室里，到处都是信件、文件、期刊和书籍，林肯和赫恩登每年在这里处理一百多个案件。林肯成了本州最受欢迎的律师之一，他接手各种各样的案件，小到猪的失踪案，大到谋杀案，都照单全收。他的客户包括资产雄厚的公司，也有身无分文的寡妇。

当他同意接受一个客户时，他在上法庭前会掌握案件的每一个细节。有一次，在一场关于专利权的诉讼中，林肯想向陪审团展示不同型号的机械收割机的不同之处，就带来了多个收割机的模型。当他解释每台机器是如何工作的时候，为了说明移动的部件，他跪在地上讲解。陪审员们被他讲的技术知识迷住了，纷纷离开座位走了过来，跪在他身旁一起观看。

林肯在对陪审团发言时表现最佳，他的演讲充满了智慧和幽默，能把复杂问题简单化。他很精明，但也有自己的迷信。在挑选陪审团成员时，他喜欢选择胖子，因为他相信他们快乐且容易动摇；他拒绝高额头的人，因为他们已有定论，固执不化。

林肯代理的最著名的谋杀案是为新塞勒姆的老朋友杰克·阿姆斯特朗的儿子达夫·阿姆斯特朗辩护。达夫和另一名男子受到指控，在一次酒后斗殴中袭击了詹姆斯·梅泽尔，3天后梅泽尔去世。控方的主要证人查尔斯·艾伦作证说，他看

威廉·赫恩登，1844—1865 年林肯的合伙人

到达夫用弹弓击中了梅泽尔的头部。艾伦说当晚一轮满月悬挂在头顶之上，他绝对看得清清楚楚。

林肯站起来盘问证人时，他的大拇指钩在背带下面，要求艾伦重复他的话。他问艾伦，你确定月亮就在头顶上吗？艾伦说确定。林肯点点头，摸摸下巴，把手伸进口袋，掏出一本1857 年年历。他翻到当天那一页，向陪审团大声说，在争吵发生的时候，月亮并不在头顶上，而是在低空，还有一小时就西沉了。陪审团很快认定达夫·阿姆斯特朗无罪。

林肯大部分时间都在第八司法巡回法庭间穿梭，该法庭管辖伊利诺伊州的 14 个县。每年春天和秋天，主审法官都会离开斯普林菲尔德总部，进行一轮巡回审判，在每个县的法院都要开庭几天。林肯和斯普林菲尔德的其他律师也加入了巡回法庭审判，他们一起前往偏远的草原法院审理案件。

每年，林肯要花6个月的时间在路上。他驾着一辆旧马车，沿着空无一人的小道从一个城镇到另一个城镇，提包里装着法律文件和换洗衣物。住宿条件十分简陋，破旧的乡村旅馆里每个房间放着三四张床，律师们两人挤一张床，罪犯和法官经常同桌吃饭，有时林肯在出庭前只有几分钟的时间和客户商量。

但他并不把这些困难放在心上。参与巡回法庭审判的日子让他有机会认识各种各样的人，晚上坐在喧闹的酒馆炉火旁与人畅聊，或者重温白天在法庭上发生的故事。寂静大草原上的漫长旅行让他远离家庭的干扰，拥有更多独自思考的时间。一位朋友说："在外巡回时，他似乎高兴得不能再高兴了，在别的地方可没见这样。"

林肯现在已经有了可观的收入，但他依然保留着乡下的习惯。邻居们记得他早餐前在家里的牛棚里挤牛奶，在后院给马梳洗，在月光下劈柴。在安静的夜晚，他喜欢伸开四肢躺在客厅的地板上读报或和威利、塔德还有家里的黄狗菲多一起打闹。

玛丽十分讲究得体的行为，丈夫淳朴的举止惹恼了她。当他卷起衬衫袖子去开门，穿着破旧的拖鞋迎接客人，或者在客厅里乱扔报纸和书籍时，她会很生气。玛丽一发脾气，邻居们就会听到她勃然大怒的声音。每当这时，林肯就会离开家，好

右图：48岁的林肯。林肯写道："我认为这幅照片很真实，虽然我妻子和很多人并不赞同。我猜是他们觉得我的头发太乱了。"

1860 年，玛丽·林肯与儿子威利（左）和塔德（右）

让她冷静下来。

　　她是一个不易相处的人，林肯同样也是如此。无论是在办公室还是回到家他都一样邋遢，他不大关心社交礼节，妻子却认为非同小可；他心不在焉，吃饭总是迟到；他出一次差就是好几周，只留下玛丽一个人照看家事和孩子。他还时常郁郁寡欢，长时间陷入沉思。林肯夫妇和其他夫妇一样，也会吵架，但他们总会和好如初，他们之间的爱历久弥坚。如果玛丽责备他的各种不是，那是因为她对他的能力实在太引以为傲了。

　　他们宠爱孩子，满足他们的一切要求，并且很少管教他们。星期天加班时，林肯喜欢带威利和塔德去办公室，但他们调皮的行为激怒了他的合伙人。赫恩登抱怨道："孩子们玩得太无拘无束。即使他们把书架上所有的书都拿下来，把所有的笔尖都折弯，把痰盂打翻，他们的父亲始终保持着好脾气。很多很多次我都想拧住那些熊孩子的脖子，把他们扔出窗子。"

　　但就林肯而言，他的孩子们不会做错事。玛丽说："林肯先生对孩子们非常溺爱，他总是说，'孩子们可以不受父母的专制约束，自由快乐地生活就是我最大的幸福。爱是把孩子和父母连在一起的锁链。'"

逃跑奴隶的悬赏海报

Chapter 4

半奴役半自由的世界

林肯认为奴隶制是"巨大的不公正",并且为了废除奴隶制而斗争。1860年,在总统选举时,他最终赢得了186.6万张选票,当选为第十六任美国总统。

"假如奴隶制都不算错误，那就没有什么是错误了。我一直是这么认为，也是这么感觉的。"

1847 年，林肯就任国会议员时，华盛顿是一个拥有 3.4 万人口的庞大城镇，其中还包括数千名奴隶。林肯从国会大厦的窗户可以看到拥挤的奴隶围栏，戴着镣铐的黑人正等着被运往南方。

南方的种植园主通过奴役建立了棉花王国，他们想要继续保持他们的生活方式。南方的白人认为将黑人用作奴隶是其"神圣"的权利，奴隶制对黑人和白人都是一种恩赐，用南卡罗来纳州参议员约翰·卡德威尔·卡尔霍恩的原话来说，就是"好，非常好"。

由于黑奴起义和叛乱，南方的政府采取了最严厉的措施来控制黑人群体，并压制部分白人对奴隶制的不满。在整个南方，反奴隶制的论著和协会都受到压制或禁止。

在北方，奴隶制不仅从未成功实施，而且还是明令禁止的违法行为。一些北方人想在全国各地废除奴隶制度，但是废奴主义者仍然是少数。只要奴隶制仅仅局限在南方地区，北方的大多数人就大都不愿意掺和奴隶制这个问题。

虽然北方是一片自由的土地，但对黑人来说，显然也不算乐土，种族偏见已是家常便饭。大多数北方州都颁布了严格的"黑人法"，在林肯的家乡伊利诺伊州，黑人必须缴税，但没有选举权，不能担任政府职务，不能担任陪审员，不能出庭作证，也不能上学。他们很难找到工作，因而常常写下卖身契，出售20年——一种自愿的奴隶形式——仅仅是为了填饱肚子和不用流落街头。

即使在反奴隶制情绪高涨的伊利诺伊州北部，白人也担心奴隶的解放会导致成千上万失业的黑人涌向北方。在伊利诺伊，人们认为废奴主义者是危险的狂热分子，林肯明白，在他的家乡被贴上废奴主义者的标签就等同于政治自杀。

在林肯政治生涯的早期，他很少发表关于奴隶制的公开声明，但他确实表明过自己的立场。作为一名28岁的州立法委成员，他深信奴隶制"是不公正和坏制度的结果"。10年之后，作为国会议员，林肯和他的政党一起投票阻止了奴隶制的扩大化，在首都发起了禁止奴隶制的法案，但他并没有成为一名废奴主义者。大多数情况下，当国会就奴隶制的未来展开激烈的辩论时，他静静地坐在幕后。

林肯总是说他厌恶奴隶制，声称自己和任何废奴主义者一样痛恨奴隶制，但他担心强迫南方废除奴隶制的一切努力只会引发暴力，他认为国会无权干涉已建立奴隶制的州府。

林肯希望废除奴隶制，但他相信这需要时间。他希望通过立法废除奴隶制，并给予奴隶主某种补偿。林肯认为，只要国

亚特兰大的奴隶市场。奴隶们被关在围栏里，等着被拍卖

会阻止奴隶制的蔓延，奴隶制会逐渐自然消亡。

林肯的国会任期于 1849 年结束时，他决定退出政治舞台。在接下来的 5 年里，他专注于法律实践，远离政治。当林肯在伊利诺伊州巡回法庭为各州法院的案件做辩护时，奴隶制已成为一个爆炸性的问题，可能造成国家分裂。

西部地区开发了大片的新土地，其归属权使得北方和南方陷入了矛盾之中。每个地区都想控制西部领土，南方需要新土地来满足大规模的棉花种植和其他使用奴隶劳动力的作物，而北方则要求将西部地区保留给独立农场主和工人们以便进行自由劳作。与此同时，随着这些地区获得州地位并在国会获得选票，它们将成为华盛顿方面进行政治权力平衡的关键。每一个新州的加入都面临一个关键的问题：它将以自由州的身份加入联邦，还是以奴隶州的身份加入联邦？

到目前为止，国会通过一系列不可靠的妥协让整个国家团结在一起，比如 1820 年的《密苏里妥协案》。这些协议允许在一些西部地区实行奴隶制，而在另一些地区则禁止奴隶制。但人们的态度越来越强硬，越来越多的北方人开始认为奴隶制是道德沦丧的体现，是一个无法避免的问题。与此同时，南方人比以往任何时候都更坚决地保护自己的生活方式。

这一问题在 1854 年达到了顶峰，当时国会通过了备受争议的《堪萨斯—内布拉斯加法案》。根据《密苏里妥协案》，包括堪萨斯和内布拉斯加州在内的地区已经宣布禁止奴隶制。然而，根据新法案，这些地区奴隶制究竟何去何从，应由当地居民决定，他们将自行决定是作为自由州还是奴隶州加入联邦。

《堪萨斯—内布拉斯加法案》是由林肯的老政敌史蒂芬·道格拉斯提出的，他现在是伊利诺伊州的参议员。道格拉斯的"人民主权"政策在北方引起了轩然大波。他的措施可以在新领土上推行奴隶制，这推翻了遏制奴隶制的《密苏里妥协案》。随

南卡罗来纳州种植园，五代同堂的奴隶家庭

着道格拉斯法案的通过，林肯结束了他长期的政治隐退。他说道："我本来对政治失去了兴趣，但《密苏里妥协案》的废除再次将我唤醒。"

他仿佛"被雷击中"，"前所未有地"受到感召。道格拉斯和他的追随者为奴隶制的扩张、发展和永久确立打开了大门，现在它永远不会像林肯预期的那样"自然消亡"，因此林肯认为有必要为黑奴们发声。5年来，他第一次将法律工作搁置一边，走遍伊利诺伊州，为辉格党反奴隶制的候选人助选，并发表演讲，对返乡维护其政策的道格拉斯参议员做出回应。

林肯告诉听众奴隶制是"巨大的不公正"，它是一种"癌症"，有可能在"这个致力于维护人类不可剥夺权利的国家"失控，它不仅是错误的，而且威胁到每个人的权利。如果奴隶制得以传播，自由的白人工人将被迫与被奴役的黑人竞争谋生，最终奴隶制将破坏民主的根基。林肯表示："因为我不愿做奴隶，所以我也不愿做主人。这是我所主张的民主，无论在何种程度上与此不同，都算不得民主。"

他一直在研究这个国家的历史，思考开国元勋们的话语和理想。林肯认为美国民主实验的基石是《独立宣言》，其中规定人人生来平等，人人都有"生存、自由和追求幸福"的权利。林肯对这份宣言感同身受，他认为这意味着每个穷人的孩子都应该得到他所享有的进步机会。他认为《独立宣言》体现了历史上最崇高的政治真理，而黑人和白人都有权享有它所阐明的权利。

尽管林肯决心反对奴隶制的蔓延，但他坦言不知道如何对

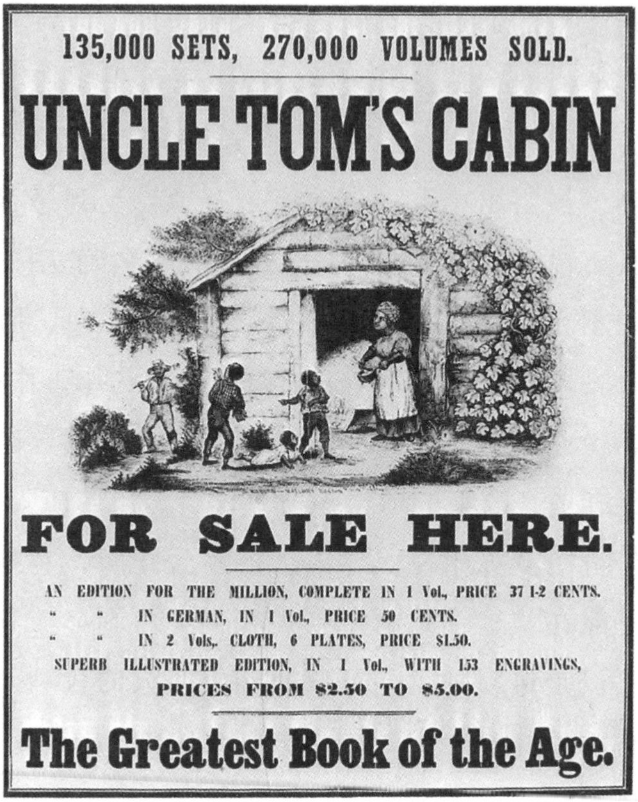

1852 年出版的《汤姆叔叔的小屋》成为国际畅销书，
向成千上万的读者揭示了奴隶制的罪恶

待那些现存奴隶制的州，在那里奴隶制受到国家及本州法律的
重重保护。他说："我对南方人民没有偏见。要是我们处于他
们的位置，恐怕也会这么做。如果他们没有奴隶制，他们不会
推行。如果我们自己的身边存在奴隶制，我们也不会立刻放弃
它。我不怪他们没有采取任何行动，因为连我自己都不知道该
怎么处理这个问题。即便上天赐予我所有的权力，我也不知道
拿现存的制度如何是好。"

到 1856 年，堪萨斯地区爆发了公开的武装冲突，反对奴隶制的北方人和支持奴隶制的南方人都招募居民迁入该地区。在敌对势力争夺领土控制权的过程中，"堪萨斯内战"变成了一个充斥着操纵选举、纵火、私刑和暗杀的战场。

暴力甚至蔓延到了国会。马萨诸塞州参议员查尔斯·萨姆纳在发表了一场关于"反堪萨斯罪行"的慷慨激昂的反南方演讲后，险些被南卡罗来纳州的国会议员普雷斯顿·布鲁克斯用手杖殴打致死。

之后，美国最高法院做出一项裁决，让全国各地反奴隶制的人们震惊。1857 年，最高法院在德雷德·斯科特一案中裁定，国会无权在全国任何地区禁止实行奴隶制，因为那样做会侵犯宪法保障的财产权。斯科特是一名奴隶，他以主人两次把他带到北方的自由土地为由提出诉讼，争取自由。法院宣布，作为一名黑人，斯科特从来都不是美国公民，他没有权利享有《独立宣言》所规定的权利。法院表示，奴隶是私有财产，国会不能通过剥夺白人公民"奴隶财产权"的法律。

哈丽叶特·比切·斯托（即斯托夫人），《汤姆叔叔的小屋》作者

查尔斯·萨姆纳，马萨诸塞州强烈反奴隶制的参议员

　　对于反对奴隶制的人来说，德雷德·斯科特案的判决是一个惊人的挫败，但也有助于传播反奴隶制观念。林肯花了两周的时间研究这个裁定，以便准备反驳它的论据。他在斯普林菲尔德发表演讲时指出，《独立宣言》的语言"简明无误"。他说，当作者宣称所有人都享有平等的权利时，"他们所说，即他们所想。"他呼吁尊重法庭，但补充说："我们认为德雷德·斯科特的判决是错误的，我们也知道做出裁决的法院经常推翻自己的裁决，所以我们将尽我们所能推动实现这一逆转。"

　　到目前为止，林肯已经成为伊利诺伊州反奴隶制的主要发言人，他也改变了自己的政治立场。自进入政界以来，他一直是辉格党成员，但是辉格党未能团结起来反对奴隶制。如今辉格党已然分裂，奄奄一息，成千上万的辉格党人加入 1854 年新成立的、反对奴隶制的共和党。林肯一直对辉格党忠心耿耿，但在 1856 年，他最终决定离开"母党"，加入共和党。

他想再次当选议员，这样就能左右公共政策的制定，而这一次他想要的是史蒂芬·道格拉斯的参议员席位。这两个人的竞争长达二十年，道格拉斯已在全国声名鹊起。他曾担任伊利诺伊州最高法院的法官、国会议员和参议员、民主党的杰出领袖。林肯在国会的任期结束后，其政治生涯就陷入了困境。他说："对我来说，我的抱负总是以失败告终，彻底的失败。道格拉斯则是辉煌的胜利，他的名字举国皆知，甚至声名远扬到国外。"

1855 年，林肯作为辉格党人竞选参议员失败。作为共和党

报纸漫画。众议员普雷斯顿·布鲁克斯将参议员查尔斯·萨姆纳打倒在地

人，他再次尝试，并赢得了新政党的提名。那是六月一个闷热的夜晚，在斯普林菲尔德举行的共和党全国代表大会上，他在1200名代表面前发表了激动人心的演讲，开始了他的竞选活动。

　　这个国家将走向何方？林肯问他们。《堪萨斯—内布拉斯加法案》通过已经4年多了，但对奴隶制的煽动并没有停止。他大声说："在我看来，除非危机达到顶峰并渡过危机，否则对奴隶制的煽动永远不会停止。"

"一个分裂的国家最终无法实现安定。"

"我相信，这届政府不会永远忍受半奴隶半自由的状态。"

"我不期望联邦解体，也不指望众议院垮台，但是我的确希望国家实现统一。"

"联邦要么浴火重生，要么分崩离析。"

林肯警告反对奴隶制的人必须阻止奴隶制向西部扩张，他们必须将奴隶制送上"灭亡的断头台"。否则，奴隶制将在全

1858 年 9 月 18 日，林肯在伊利诺伊州查尔斯顿发表演说，政敌道格拉斯坐在他的右边。林肯和道格拉斯共举行了 7 场辩论，每场持续 3 个小时（罗伯特·马歇尔·鲁特绘）

国范围内蔓延并"在所有地方获得合法地位，无论新州老州，无论南北"。

奴隶制和自由之间不可能有公平的斗争，因为在道德层面上两者一对一错，背道而驰。林肯说，道格拉斯参议员和民主党人并不关心奴隶制的发展，但共和党却很关注，这个国家所面临的问题是奴隶制在全国范围内的蔓延及其对未来的威胁。

一些共和党人认为他的演讲太过极端，太"超前"，但是林肯的大多数听众都为他加油鼓劲。这是他发表过的有关奴隶制最强烈的声明，也为他与史蒂芬·道格拉斯戏剧性的对抗奠定了基础。

1858 年夏天，两人之间的博弈引起了全国关注。7 月，林肯向道格拉斯发起了一系列公开辩论，道格拉斯接受挑战，同意在伊利诺伊州的小镇上进行 7 场辩论，每场 3 小时。

8 月 21 日，首场辩论在渥太华（指伊利诺伊州的渥太华市）举行，现场至少有 1.2 万人。一周后，尽管下着雨，仍有 1.5 万多人出现在自由港。他们每到一站，人们都从几英里外的地方坐着四轮马车、骑马或步行前来观看和听取候选人的意见，并决定谁是更好的人选。城市广场上挂满了横幅和旗帜，小贩们兜售着印有林肯和道格拉斯头像的徽章，乐队演奏，礼炮轰鸣。议员候选人抵达小镇时，骑警努力在密密麻麻的人群中维持秩序。

道格拉斯高调出行，在朋友和顾问的簇拥下，在美丽妻子的陪伴下，他乘坐火车的私人车厢，啜饮白兰地，享受雪茄，从一个城镇到另一个城镇。林肯则十分低调，他只是一名普通

左：身高 162 厘米的参议员史蒂芬·道格拉斯，绰号"小巨人"。他那洪亮的声音和自信的态度弥补了他身材矮小的缺陷

右：身高 193 厘米的林肯，也被称为"高个子亚伯"或"傻大个"。他最终战胜道格拉斯，赢得另一个绰号——"巨人杀手"

乘客，坐在普通车厢里。玛丽带着威利和塔德待在家里，没有同行。在奥尔顿的最后一场辩论中，她才陪同在场，听到丈夫辩论。

报社记者们追随着候选人，速记下他们的演讲内容，并通过电报把报道发给远在东部地区的报社。波士顿或亚特兰大的人们第二天就能从报纸上读到辩论家们在伊利诺伊州偏远城镇的演讲。

道格拉斯和林肯之间对比鲜明，记者们分别称他们为"小巨人"和"高个子亚伯"，这使得辩论更加精彩有趣。道格拉斯在各方面都与林肯截然不同，他只有162厘米高，硕大的肩膀上长着一个圆圆的大脑袋，声音洪亮，举止咄咄逼人并充满自信。他站在演讲台上，穿着"种植园式"的服装：海军蓝外套和浅色裤子、皱褶衬衫、宽边毡帽。而林肯又高又瘦，穿着皱巴巴的西装，看上去相貌平平，背着一个旧提包，里面装着他的笔记本和演讲稿。他坐在讲台上，瘦骨嶙峋的膝盖高高翘起。

他们之间的角力让观众入迷，道格拉斯为他的人民主权学说辩护。他认为，这个国家可以忍受半奴隶半自由的现状，每个州都有权自行决定奴隶制的问题。

林肯回答说，人民主权只是一个方便奴隶制的传播的障眼法。几十年来，这个国家一半是奴隶，一半是自由人，这仅仅是因为大多数人相信奴隶制会消亡。此外，奴隶制不仅仅是一个州的权利问题，同时还是一个影响全国的道德问题。林肯说："本届政府的成立是为了保障人民的自由，奴隶制对黑人、白人，对这片土地和国家都是不折不扣的罪恶。"

道格拉斯认为，宪法保障的平等只适用于白人公民，不适用于黑人，最高法院裁定黑人根本不是公民。道格拉斯说："我反对黑人享有平等权利，我相信这个政府是由白人组建的，理应白人治，白人享。"

道格拉斯强调白人至上的问题，林肯赞成黑人平等吗？他提倡种族混合吗？伊利诺伊州的许多选民反对黑人享有平等权利，这些都是敏感的问题。在整个伊利诺伊州，道格拉斯不断地煽动种族歧视，警告白人民众说，林肯是一个"黑人共和党人"，他想解放奴隶，这样他们就可以拥进伊利诺伊州去工作、投票，并与白人结婚。

林肯尖锐地指出道格拉斯试图运用"花言巧语"编派和曲解这个问题，是玩文字游戏，指鹿为马。他反驳说，问题不在于种族的社会或政治平等，他从来没有主张黑人应该成为选民或公职人员，或者他们应该与白人结婚，真正的问题是奴隶制是否会在美国传播并最终成为美国的一部分，或者它受限，只存在于南方，让它逐渐消亡。

林肯呼吁选民们"摒弃有关这个人或那个人的谬论，即这一种族或者那一种族优于另一个种族"。他还说："世界上没有任何理由不让黑人享有《独立宣言》所列举的一切自然权利，包括生命权、自由权和追求幸福的权利，我认为他们同白人一样有权享有这些权利。"

当时，参议员是由州议会而非普选选举产生。当结果出来的时候，共和党人没有在立法机构赢得足够的席位使林肯当选参议员，道格拉斯以微弱优势再次当选。林肯对朋友说："战斗必须继续下去，公民自由的事业绝不能在一场甚至 100 场失败之后就放弃。"即使如此，失败还是令人难过。他说，"我觉得自己就像个绊到脚指头的男孩。年龄不小了，啼哭实在太丢人，但是的确也痛得笑不出来。"

虽然林肯输掉了选举，但是辩论使他在全国范围内一举成名。他继续在伊利诺伊州和整个北方就这些问题发表演说。到了 1860 年，人们认为他是潜在的总统候选人。起初他怀疑自己是否能赢，曾对伊利诺伊州的一位报社编辑说："我必须坦率地说，我认为自己不适合担任总统。"但是当权的共和党领导人认为林肯有很好的机会领导全党走向胜利，当他们开始为他的提名而努力时，林肯没有干涉，承认说："我有点跃跃欲试。"

当伊利诺伊州的共和党人在 1860 年 5 月 9 日举行州代表大会时，大家一致推选林肯为最受欢迎的候选人，代表们欢呼着把高瘦的林肯抬过头顶，一个接一个地把他送到讲台上。

一周后，共和党全国代表大会在芝加哥召开，几位著名的共和党人当时都在竞选总统，而林肯并不是他们的第一选择，但全党都接受他。经过一番后台操作之后，林肯在第三次投票中得到提名。他一整天都静静地待在斯普林菲尔德，一边打手球来打发时间，一边等待大会的消息。

与此同时，民主党内部分裂成两派。在巴尔的摩 ① 召开的北

---

① 巴尔的摩，美国马里兰州城市。

1860 年，共和党胜利的海报

方民主党会议中，史蒂芬·道格拉斯被提名为总统候选人，但南方的民主党人不愿意接受任何北方人，他们在弗吉尼亚州的里士满举行了自己的代表大会，并提名肯塔基州的约翰·卡贝尔·布雷肯里奇为候选人。另一个团体宪法联盟党也加入了竞选，提名田纳西州的约翰·贝尔成为候选人。

在那个年代，总统候选人通常不会亲自出面参加竞选。直到选举日之后，林肯才离开斯普林菲尔德，但是他的支持者们展开了热火朝天的竞选活动，大肆宣传林肯卑微的出身。在北方各地的共和党集会和游行中，他被誉为"诚实的亚伯"、伊利诺伊州朴实的砍柴人，一个出生在小木屋、即将入主白宫的人。

选举开始前不久，林肯收到了一名11岁女孩的来信。她叫格雷斯·比德尔，来自纽约市韦斯特菲尔德。比德尔建议他留胡子，"你的脸这么瘦，留胡子会好看得多，"她写道，"女士们都喜欢有胡子的人，她们还会缠着丈夫投你的票。"在等待全国投票时，林肯听取了她的建议。

1860年11月6日，选举日当天，林肯一直在斯普林菲尔德电报局等待，终于等来获胜的消息。他走到斯普林菲尔德的

右图：祝福者们聚集在林肯的家门口，庆祝他在1860年被提名为共和党总统候选人。林肯穿着白色的夏装站在门的右边

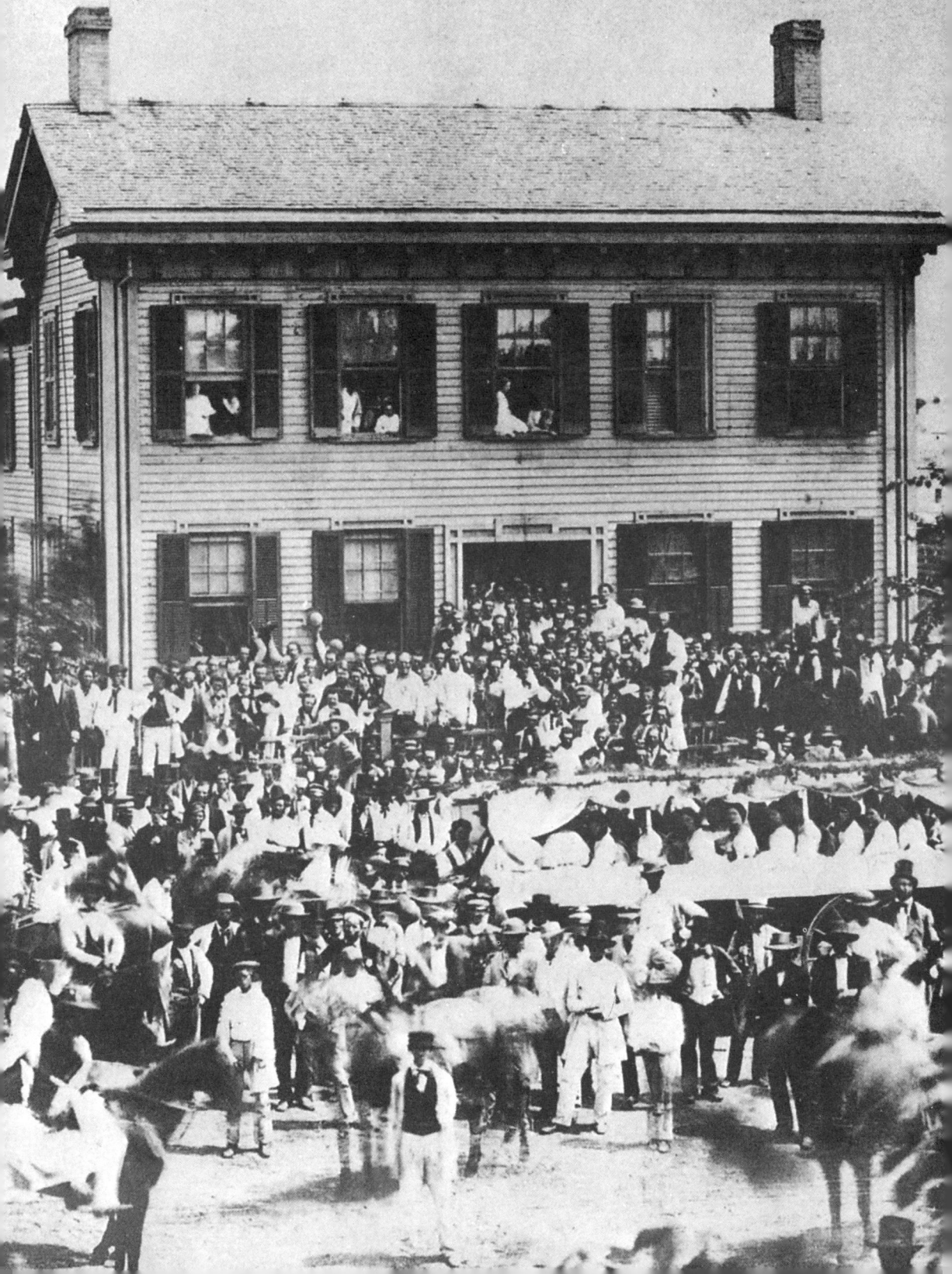

1860 年 8 月 13 日，林肯最后一幅没有胡子的画像

1860 年 11 月 25 日，总统候选人林肯开始留胡子

大街上，迎接他的是烟花绽放、火炬游行。那天晚上，玛丽容光焕发地和他一起出席共和党女士晚宴。一位客人说，这些女性对这位总统候选人"关怀备至"，为他拿来咖啡，端上三明治，并为他献上"充满活力的共和党合唱"。

林肯获得了 186.6 万张选票，赢得了北方各州的支持。道格拉斯获得了 137.7 万张选票，南方民主党候选人布雷肯里奇获得了 85 万张选票。北方把林肯推上了总统宝座，但在南方，他的名字甚至没有出现在选票上。

道格拉斯曾警告说，共和党的胜利将引发分裂战争，一场北方对南方的战争，一场自

由州对奴隶州的战争，
一场毁灭之战。南方领
导人则扬言他们绝不会
接受一个"黑人共和党
人"作为总统，他们已
经威胁要退出联邦，建
立一个独立的奴隶制国
家。亚特兰大一家报纸扬
言："等着瞧吧……如果
亚伯拉罕·林肯登上总
统宝座，南方绝不会忍
受这样的羞辱和堕落。"

12月，林肯宣誓就
职三个月前，南卡罗来
纳州率先宣布脱离联邦，
它现在是一个主权国家，
致力于维护奴隶制。

1861 年 1 月 13 日，蓄着大胡
子的林肯。报社戏谑道："老亚
伯……虚（须）张声势！"

1861 年 2 月 9 日。两天后，林
肯前往华盛顿，成为美国第一位
蓄胡须的总统

1861 年 3 月 4 日，成千上万的人聚集在尚未完工的美国国会大厦前，见证林肯的就职典礼。注意人群中时髦的烟囱帽

Chapter 5

解放黑奴

　　1861 年 3 月，林肯在美国国会大厦前发表了就职演讲，4 月，美国历史上规模最大的内战——南北战争爆发了。南北战争期间，林肯为国事而忧心忡忡，并且发表了他著名的《解放宣言》，这让林肯的姓名得以载入史册。

"如果我的名字会载入史册，一定是因为这个法案。"

1861 年 3 月 4 日，就职典礼当天，华盛顿就像是个大军营。整个上午，骑兵和炮兵在街上巡逻，军队无处不在。刺杀总统、南方种植园主夺取首都并阻挠就职典礼的传言已经使军队处于戒备状态。

午后不久，总统詹姆斯·布坎南和新当选总统亚伯拉罕·林肯共乘马车，穿过铺满鹅卵石的宾夕法尼亚大道，驶向国会山。步兵列队在游行路线上站岗，军方狙击手匍匐在附近的屋顶上，士兵包围了整个国会大厦，便衣警察也安插在人群当中。在一座可以俯瞰国会大厦的山丘上，炮兵架设了一排榴弹炮，以应对可能的突发状况。

在通往国会大厦前的演讲台上，已经修建了一条长长的安全通道，用以保护新总统及其随从。300 多位高官政要挤在演讲台上，等待亲眼见证此次宣誓就职仪式，其中有明确表态支持新政府的史蒂芬·道格拉斯。

林肯看起来很紧张。他身着一套新的黑色西装，留着修剪整齐的胡须，一只手拿着丝绸大礼帽，另一只手则挂着一个金头手杖。他把手杖放在一个角落，然后环顾四周，想要找个地方放帽子。史蒂芬·道格拉斯微微一笑，接过他手中的帽子。

林肯打开就职演讲手稿，戴上银边眼镜，面对着台下沐浴在阳光中的人群。成千上万的人挤在了国会大厦前的宽阔广场上，等待着新总统的讲话。

距离林肯11月赢得总统大选已经过去了四个月。在此期间，南方有7个州脱离了联邦，另有4个州也即将效仿。2月，密西西比州参议员杰弗逊·戴维斯已经宣誓就职美利坚联盟国总统。随着联邦解散，挑衅的南方人已准备开战。

国会领导人曾试图寻求一个折中方案，使联邦团结一致。但南方诸州绝不会在自己的要求上让步，他们希望奴隶制不仅在南方能得到保障，而且要尽可能地扩散，传到西部地区，甚至传到中美洲和加勒比海地区。当林肯在52岁生日前夕离开斯普林菲尔德前往华盛顿时，所有的尝试都以失败告终。

林肯搭乘总统专列一路向东，一路上停靠了数十个城镇和乡村。成千上万的美国人第一次有机会见到当选总统，听他讲话。一名男子说："昨晚我见到了新总统，他很聪明，并不像人们说的那么难看，但也并不漂亮。他很高……身材魁梧，善于鞠躬，不拘谨，有一张讨人喜欢的脸，和蔼可亲，意志坚定。"

在费城，当地警探向总统专列报告，他们发现了阴谋暗杀的证据，刺客意图在第二天林肯途经巴尔的摩时进行刺杀。大家劝说林肯换一辆火车，由武装警卫护送，连夜秘密赶回华盛顿。林肯乘坐的火车于凌晨3：30经过巴尔的摩，此时的他正躺在一个卧铺上，安然无恙。抵达华盛顿时已是黎明时分，没

新任总统

人发现他，外界也不知晓。

　　林肯连夜秘密返回的消息迅速传开，那些反对派的报纸纷纷讥笑这位新总统，把他逃离巴尔的摩称作"亚伯拉罕的逃亡"。这样的羞辱愈演愈烈，充满敌意的编辑和政客们还嘲笑"这位穷乡僻壤的总统"有一位上不得台面的妻子，他们数落林肯是个乡巴佬，嗓门很高，带着肯塔基州的鼻音，是个丑陋的"大猩猩"和"狒狒"。林肯对于这些侮辱不屑一顾，认为这是他工作中正常的危险，但玛丽觉得备受屈辱。

直到就职典礼当天，林肯站在国会大厦前，准备宣誓就任第十六任美国总统时，他仍然笼罩在这个阴霾（mái）之中。林肯在演讲中呼吁南方人民要团结一心，并再次向他们保证不会插手各州的奴隶制度。

"心怀不满的同胞们，内战与否这一重大问题掌握在你们手中，而非在我的手里。政府不会抨击你们，你们可以避免冲突，不需要变成侵略者。你们的使命并非摧毁政府。但在此，我庄严承诺，我将会坚决维护、保护并捍卫我们的政府。"

林肯一厢情愿地认为不流血就能挽救联邦，但这一希望也

穿着礼服的第一夫人，她正是穿着这件礼服出席了就职典礼

将要落空。就职不到两周，他就面临第一次危机。在南卡罗来纳州查尔斯顿港的入口处，萨姆特堡仍然挂着联邦国旗，但该州州长要求放弃这座堡垒。

1861年3月15日，林肯得知萨姆特的物资即将耗尽。尽管该堡垒没有多大军事价值，但是林肯曾誓言保卫南方的联邦财产，现在萨姆特已成为北方决心的象征。林肯必须要做出决定，如果他输送物资，那就会承担武装袭击和战争的风险；如果不输送物资，这座堡垒将支撑不了多久。

林肯与军事顾问和内阁成员进行商讨，但对如何处理这件事并没有达成一致，林肯自己也拿不定主意。他曾经说他人生遇到的所有困境和焦虑都比不上那几周的遭遇。

最终，总统采取了行动。4月6日，林肯通知南卡罗来纳州州长，物资补给舰队将通过海运抵达查尔斯顿。4月12日上午，当联合舰队驶向这座城市时，反政府武装在港口点燃大炮，向萨姆特堡开火。

美国内战由此拉开序幕。

4月14日，林肯获悉，经过36小时的狂轰滥炸后，萨姆特堡已经缴械投降。当天他便发布了一项公告，宣布征召75000名新兵，入伍90天。这段时间似乎十分充足，到那时，叛乱一定会被镇压下去。

史蒂芬·道格拉斯到访白宫，再次给予总统支持。虽然他与林肯意见不一致，但他也想要保住联邦。之后道格拉斯前往伊利诺伊州镇压叛军，团结北方民主党人士共同效力联邦事业。一个月以后，他患上伤寒去世，年仅48岁。

巴尔的摩的一份报纸刊登了一幅漫画，讽刺林肯秘密返回华盛顿

整个北方都动员了起来，军队拥进华盛顿，准备保卫首都。在波托马克河①对岸，弗吉尼亚州加入了南方联盟。透过办公室的窗户，林肯能看到叛军的旗帜高高飘扬在弗吉尼亚州亚历山大市的建筑上空。

华盛顿的每个人都认为战争很快就会结束。北方诸州发声，将忠于联邦政府，忠诚于这23州的2200万人民。由11个州组成的南方联盟大约有900万人口，其中将近400万人是奴隶。南方以农业为主，而北方则有工厂可以生产枪支弹药，拥有发达的铁路网来运送军队，还拥有一支能够封锁南方港口的强大海军。

如果说北方聚集了大部分的工业和人口，那么南方在军事上就享有得天独厚的优势。南方联盟的总统杰弗逊·戴维斯曾是一名职业军人，就全国来说，南方拥有更多经验老到的军事指挥官。在战争初期，林肯面临的最大问题将是找到能够引领联邦取得胜利的得力上将。

初夏在即，南北双方都在训练大批志愿军人，许多都还是涉世未深的男孩，都没摸过枪。北方的报纸呼吁，对位于弗吉尼亚州的南方联盟首都里士满发动大规模进攻，"进攻里士满"成为当时盛行的战斗口号。

7月，在欧文·麦克道尔将军的率领下，联邦军队进军弗吉尼亚。麦克道尔奉命占领重要铁路枢纽马纳萨斯，马纳萨斯位于华盛顿西南大约25英里（约40公里），从马纳萨斯出发，他将横扫里士满，镇压叛乱。

---

① 波托马克河，美国中东部的重要河流。

美国南方联盟总统杰弗逊·戴维斯

　　麦克道尔将于 7 月 21 日星期日这天发起进攻，消息很快传到了华盛顿。这大上午，数十名政治家携夫人、新闻记者和其他围观群众乘坐四轮马车从华盛顿出发，想看军队如何打败叛军。这些人都从未亲眼看过打仗，也并不知道究竟会发生什么。他们带着野餐篮、香槟和望远镜，在山坡上露营，对一触即发的战争翘首以盼。

　　林肯在白宫焦急等待。早先的军报信息模棱两可，两军交锋于布尔朗一条泥泞的小河旁，彼此之间势均力敌，不分伯仲①。几个小时后，林肯收到了灾难般的消息，联邦军队溃不成军，麦克道尔率领的军队已经溃败。

　　总统那晚彻夜未眠，听着有关国会议员和其他民众逃离的

①不分伯仲，比喻不分上下。

083

美国内战期间，双方军队的新兵几乎都是刚刚成年的男孩。这是埃德温·詹尼森的画像，他是佐治亚州的一名二等兵，于1862年7月1日在马尔文山阵亡

汇报，他们在军队撤退前就已惊慌逃走。联邦军队土崩瓦解，士兵也同观战者一样仓皇逃回华盛顿。黎明破晓之际，林肯站在白宫的窗户旁，看着满身泥浆的军队在雨雾朦胧中稀稀落落地回到首都。

林肯一直向他的总参谋长、75岁的温菲尔德·斯科特咨询战略建议。斯科特提出了他著名的"蟒蛇计划"，即通过封锁南方海岸并同时占领密西西比河地区，以包围南方，迫使其投降。林肯认为此计划还有待加强，他希望指挥官在任何地方都能先发制人。布尔朗战役之后，他决心封锁海上航运，征召更多士兵，延长入伍时间，并立刻发动 3 场反击，同时进攻弗吉尼亚、田纳西和密西西比河下游。

　　林肯将东部军队的指挥权交给了 35 岁的墨西哥战争老兵乔治·布林顿·麦克莱伦将军。虽然麦克莱伦虚荣自负，固执己见，但林肯对他信心满满。对于外界对这位将军粗鲁行为的批评，总统不予理睬，反而说道："没关系。如果麦克莱伦能够一举夺得胜利，我将支持他。"

联邦军队在布尔朗战役中大败，布尔朗战役是这场战争的首要战役

麦克莱伦精心训练不断壮大的军队，但过了数月，他并没有要出发去弗吉尼亚攻打叛军的意思。他说："别催我，一切尽在掌握。" 1861 年末，初雪来临，麦克莱伦率领的军队仍未准备好迎接战斗。在西线，情况也是如此。联邦指挥官建立了自己的军队，并让他们进行操练，但军队也没有准备好战斗。

国会和民众渐渐失去了耐心，将军们为何还不开战呢？难道是林肯经验不足，难以胜任总统一职？国会委员会开始着手调查此次战争的指挥，将军们从战场被召到国会山作证。

林肯本人对于迟迟没有进展的战争也感到不耐烦了，但他自己不是军人，不愿否决他的指挥官。除此之外，他也面临着其他麻烦，包括陆军部的腐败，内阁的意见不一，以及国会不断的猛烈抨击。俄亥俄州参议员本杰明·富兰克林·韦德认为林肯政府"粗心愚笨，懦弱胆小，软弱无能"。

截至目前，总统对参与这场战争的士兵深感疑虑。他收集了大量有关军事战略的书籍，常常学习到深夜，就像当初学习法律和测量学一样。司法部部长爱德华·贝茨告诉林肯，向指挥官下达命令是总统的职责……国家需要你这么做，这是历史赋予你的使命。于是林肯开始在日常战争中发挥积极作用，有时制定战争策略，有时在战场上指挥战术调动。

林肯在白宫的私人时间能够稍微缓解一下战争带来的压力。罗伯特·林肯（林肯的长子）当时已就读于哈佛大学，11 岁的威利和 8 岁的塔德则与父母一起住在白宫大厦。他们在房间嬉戏玩耍，有时闯进正式会议，对内阁成员恶作剧，或与工作人员交朋友。他们还养了一大堆宠物，其中包括他们在白宫

《逾期账单》——这幅卡通图源自英国讽刺漫画杂志 *Punch*，取笑林肯宣誓要快速平定叛军

林肯的长子、就读于哈佛大学的罗伯特·托德·林肯，1861 年。

附近骑的一匹小马和睡在塔德床上的一头山羊。

林肯带着孩子们一起参观驻扎在波托马克河的军队，还和儿子们在玛丽重新装修白宫时买的昂贵的东方地毯上摔跤。在战争最为艰难的时刻，两个儿子的陪伴让林肯得以摆脱绝望的情绪。

1862 年 2 月，两个孩子都发起了高烧。塔德成功康复，但威利的病情却恶化了起来，他整晚翻来覆去，难以入睡。林肯夫妇就守候在他床边，给他洗脸，尽量安慰他。2 月 20 日，威利不幸去世，林肯就这样失去了自己的二儿子。玛丽悲痛欲绝，无法参加葬礼，3 个月没有离开白宫半步。她始终没能从这次丧子之痛中完全恢复。

林肯陷入了极度的忧伤。他一直觉得自己与威利之间有着特殊的默契，前所未见的痛苦淹没了他，林肯一次又一次地将自己关在房间，独自抽泣。

在威利奄奄一息时，战争的进程开始加快。联邦军队在西部发起了大规模反攻，赢得了首次大捷。截至 1862 年春，北方军队占领了新奥尔良，并控制了中枢密西西比河。尽管消息令人欣喜，但人员伤亡触目惊心。在田纳西州南部夏洛教堂为期两天的战斗中，就有 1.3 万名联邦士兵伤亡。

小儿子托马斯·林肯（"塔德"）身着上校制服，塔德和威利是第一批入住白宫的总统孩子

威廉·华莱士·林肯（"威利"），他于 1862 年在白宫夭折，这让林肯全家陷入极度悲伤中。林肯曾经说："他是个好孩子，这世道配不上他。他的离开实在让人太难、太难接受。"

在东线，麦克莱伦将军终于率领大军挺进弗吉尼亚州。但麦克莱伦没有按照林肯的要求从陆路向里士满进发，而是把他的部队调到约克半岛的顶端，在里士满东南部75英里（约120公里）处登陆。之后他沿着半岛前进，从后方攻打南方的首都。不幸的是，他过于缓慢和谨慎，让叛军有充足的时间召集军队防御。

6月，麦克莱伦在里士满城外停下了脚步，等待合适时机再进攻。但是由罗伯特·爱德华·李率领的联盟军突然发起了反攻，在7天的艰苦战斗中，麦克莱伦节节败退，被迫撤回詹姆士河。他期待已久占领里士满的这场战役，流血无数，以失败告终，伤亡和失踪士兵超过2.3万名。

与此同时，联盟军在弗吉尼亚州谢南多厄河对联邦军进行猛烈攻打。当伤亡名单堆积在林肯的办公桌上时，林肯不禁怀疑这场战争有没有结束的一天。在重要的东部战区，北方至今还未打过一次胜仗。

几个月来，林肯一直在寻找合适的将军人选，想要找到令他信赖的战地指挥官和一名可靠的总司令来指挥战斗。温菲尔德·斯科特年老体衰，在劝说之下已经退休。麦克莱伦接任最高指挥官一职，但他对战略规划一窍不通。在林肯与军队乘船前往弗吉尼亚时，他决定由自己担任总司令一职，之后他任命亨利·哈勒克将军为最高军事指挥官。但哈勒克也再次让他失望，哈勒克能提供恰当的作战方案，但做决定时畏首畏尾，林肯又一次不得不自己拿主意。

然而，林肯面临的最艰难的决定，还是关于奴隶制。战争初期，只要他能重建联邦，他仍愿意把南方的奴隶制抛之脑后，

左边：温菲尔德·斯科特（又被称为："卓绝的汉考克"）是林肯任命的第一任总司令。他患有眩晕和其他疾病，于1861年10月退休

左下：乔治·布林顿·麦克莱伦（"小麦克"），接替斯科特成为总司令。麦克莱伦因未能发动进攻而遭到解职，在1864年的总统选举中与林肯竞争

右下：哈勒克将军（"老脑瓜"）是林肯在1862年至1864年期间的总司令。他是一个能力十足的管理者，但是优柔寡断

一旦叛乱平息，奴隶制就只存在于南方各州，之后便会在这些地方自然消亡。林肯说："我们打仗不是为了废除奴隶制，而是希望国家统一。毫无疑问，此时此刻步调的不一致不仅会削弱我们的事业，而且会打击我们的信心。"

废奴主义者要求总统立即通过战时宣言解放奴隶，著名的黑人编辑、改革家弗雷德里克·道格拉斯表示："让叛乱者和卖国贼明白，他们试图毁灭这个政府所付出的代价必须是废除奴隶制。叫嚣着战争就是叛国罪，打倒奴隶制，打倒这个罪魁祸首！"

但林肯犹豫不决，他害怕此举会疏远众多支持联邦但又反对解放奴隶的北方人，同时他也担忧一直以来拒绝加入南方联盟的肯塔基州、密苏里州、马里兰州和特拉华州，会因解放黑奴而加入南方阵营。

奴隶制依旧是阻碍国家统一的关键问题。随着压力越来越大，总统必须要有所行动。首先，林肯批准了一项逐步解放奴隶的自愿计划，并从国库拿出钱来补偿给奴隶主。解放将从忠诚的边境州开始，并随着征服叛乱州而扩展到南方，到那时自由的奴隶可以前往非洲或中美洲重新定居。

林肯恳求边境州的国会议员们接受他的计划，但遭到了拒绝。他们不会放弃奴隶财产，也不愿改变自己的生活方式。一位来自肯塔基州的国会议员说："解放盛产棉花的各州简直是无稽之谈。解放之路艰难万分，一时半会儿无法完成。"

林肯逐渐意识到，如果想要废除奴隶制，就必须采取更加大胆的行动。一群强势的共和党议员一直敦促他采取行动，他们认为不摧毁导致战争的奴隶制，这就是一场荒谬的战争。奴隶提供大量的劳动力，这对南方军备至关重要。如果林肯解放了奴隶，那南方联盟的力量就会被削弱，战争便可迅速结束。如果他不解放奴隶，那这场战争将会徒劳无功。即使南方同意回归联邦，一旦奴隶制再次受到威胁，就会引发另一场战争。

除此之外，备受奴役的黑人迫切希望甩掉枷锁，为获得自由而战。已有数以万计的奴隶从南方逃跑，更有数千人准备要加入联邦军队。参议员查尔斯·萨姆纳对林肯说："你需要更多的人，不仅来自北方，还要来自南方叛军的后方，你需要奴隶。"

自始至终，林肯都在质疑自己作为总统的权威，怀疑自己是否有权废除受法律保护的奴隶制。林肯的共和党顾问认为，战争危急，国家岌岌可危，总统当然有权废除奴隶制。作为军队总指挥官，他有能力废除奴隶制，采取这种方式将是必要的战争措施，因为它会削弱敌军。参议员萨姆纳告诉林肯，如果真的想要挽救联邦，他必须即刻行动，废除奴隶制刻不容缓。

战争成为了一场无休无止的梦魇，血流成河，将军们却束手无策。林肯有所质疑：假使没有采取这种冒险激进的措施，联邦是否会安然无恙。到了 1862 年夏天，他制订计划，打算在攻击联邦敌军的同时，把忠诚的蓄奴州留在联邦内。

1862 年 7 月 22 日，林肯向内阁公开了自己的计划。他告诉内阁，解放奴隶是一项必要的战争措施，对维护联邦有着至关重要的作用。基于此，他打算发布一项宣言，截至 1863 年 1 月 1 日，解放所有尚未归属联邦的叛乱州中的奴隶。这项宣言只针对南方联盟，在忠诚的边境州，他将继续循序渐进，以适当补偿的方式来推动黑奴解放。

一些内阁成员发出警告，国家还没有准备好接受解放黑奴。但大多数内阁成员表示同意。无论怎样，这次林肯已经下定决心。当然，他确实听取了国务卿威廉·亨利·西沃德的反对意见。西沃德认为，如果林肯此刻发布宣言，若联邦军队在弗吉尼亚败北，这项宣言就成为了"军队撤离的最后一声呐喊"，透露

由于相机需要长时间曝光，内战摄影师无法拍摄清晰的实景，这张照片由马修·布雷迪于 1862 年 9 月在安提坦拍摄，可能是整个战争中唯一一张真实的战场照片

安提坦战场上阵亡的士兵

了绝望的气息。总统一定要等到联邦军在东部取得决定性军事胜利，那时他就能掷地有声①地发布宣言。林肯同意了，他暂时把文件存放在书桌里。

　　一个月后，在第二次布尔朗战役中，由约翰·波普指挥的联邦军又遭受了一次奇耻大辱。林肯抱怨道："我们又一次挨

---

① 掷地有声，指扔在地上能发出声响，形容话语豪迈有力。

打了。"林肯开始忧心战争的前景。罗伯特·爱德华·李率领的叛军正向北逼近，9月初，李将军入侵马里兰州，向宾夕法尼亚州进军。

林肯再次求助乔治·麦克莱伦将军。他问自己：我还能找谁呢？林肯命令麦克莱伦击退入侵叛军。两军于9月17日在马里兰州的安提坦河交锋，这是这场战争中最血腥的一次战役。李将军被迫撤回弗吉尼亚，但麦克莱伦一如既往地谨小慎微，坚守阵地，并未对战败的叛军乘胜追击。这并不是林肯期盼的决定性胜利，但这场战役必须打赢。

9月22日，林肯向内阁宣读了《解放宣言》的终稿，如果叛军到1863年1月1日还未归属联邦，那么从那时起，南方联盟的所有奴隶都将获得终生自由。解放将成为联邦战争的首要目标，随着联邦军队攻入叛军领地，他们将彻底消灭奴隶制。

第二天，公告向新闻界发布。整个北方地区，反对奴隶制的人们一致赞同此措施，黑人欢呼雀跃。曾经猛烈批判林肯的黑人废奴主义者弗雷德里克·道格拉斯说："让我们大声欢呼吧，我们活着就是为了见证这一公平的政令。"

12月1日，林肯向国会发布年度讲话，要求国会支持他的军事解放计划：

"同胞们，我们不能回避历史，本届国会和政府的成员不顾自我安危，终将名留青史……在归还奴隶以自由的同时，我们也保证自由人的自由——这和我们全心付出以及竭力维护的事业一样无比荣耀。"

新年第一天，林肯时睡时醒地过了一夜之后，坐在白宫的

林肯向内阁宣读《解放宣言》，爱德华·赫林雕刻

办公桌前，为这份具有历史意义的法令做最后的润色修改。从这天起，叛乱州的所有奴隶都被彻底解放。曾经渴望加入联邦军队、登上了联邦军舰的黑人现在如愿以偿，立即组成了几个黑人兵团。到了战争末期，18 万多名黑人——大部分是解放了的奴隶——自愿加入联邦军队。他们驻扎在军事要塞，冲在每场战役的最前线。

当天早上，传统新年招待会在白宫举行。自儿子威利去世以后，玛丽首次参加官方聚会，她头戴花环，披着一条黑色披肩。

招待会上，林肯悄悄溜回办公室，与几位内阁成员和其他官员正式签署了宣言。他看起来疲惫不堪，整个早上一直在握手，现在拿起金笔签名时，手一直颤颤巍巍，抖个不停。

通常情况下他会签"A.Lincoln"，但今天，当他提笔写字时，认认真真地写上了自己的全名，他说道："如果我的名字会载入史册，一定是因为这个法案。"

1865 年弗吉尼亚州彼得斯堡被重重包围，联邦士兵在战壕中等待进攻

Chapter 6

万恶之战

1863 年 11 月，林肯在葛底斯堡发表了为时两分钟的简短演讲，讲述了美国南北战争的重大意义。他的这场演讲，在 100 多年后，成为传世经典，被世人所铭记。林肯不停地努力工作，为通过一项反对奴隶制的宪法修正案而日夜操劳，最终，他成功了。1865 年 4 月，南北战争结束。

"每当我想到这场可怕的战争即将带来的牺牲、摧毁的心灵和家园,我的心就像灌了铅一样。有时我真想躲进深深的黑暗之中。"

林肯签署《解放宣言》时,许多人欢呼雀跃,但也遭到很多谴责。宣言激怒了成千上万的北方民主党人,他们对解放奴隶并不关心。他们支持拯救联邦之战,前提是保持奴隶制不变,他们不愿为解放黑人而战。

整个北方怨声载道,大喊总统是暴君,是废奴主义独裁者。民主党报纸称此次宣言不符合宪法规定,"简直就是一种邪恶、残暴和令人作呕的行为。"当林肯的批评者要求他更改解放政策时,他回答道:"我虽然走得慢,但从来不走回头路。"

反对林肯战时政策的声音越来越大。战争初期,他采取政策来对付"后方敌人"——同情南方并威胁要破坏战争的北方人。林肯准许军队指挥官在一些地区宣布戒严,并且中止了人身保护令的权利,这意味着军队可以在未经审判的情况下逮捕和监禁叛徒嫌疑人。

好像总统还嫌这不够糟糕,他又推出一项军事草案,来改善人员不足的窘境。他下令招募黑人加入武装军队,允许他们手持枪支，穿上联邦军队制服。

反战情绪不断高涨。1863 年初，北方民主党人发动了一场和平运动，旨在停止战争，让那些年轻的士兵们回家。他们称自己为和平民主党人，要求立即停战，并提出宪法修正案，以保证南方的奴隶制，还直接抨击林肯的几项政策，包括军事草案，军事逮捕，征招黑人士兵，其中抨击得最为厉害的就是《解放宣言》。

林肯提醒他的批评者，成千上万名黑人士兵此时正在为联邦军队而战，为联邦军队而牺牲。"你们说你们不愿为解放黑人而战，可他们中的一部分人却愿意为你们而战……如果我们不为他们做任何事，他们凭什么要为我们做事呢？如果他们愿为我们赴汤蹈火，那他们一定怀有最强烈的动机，甚至是对自由的承诺。承诺一出，驷马难追。"

共和党人指控和平民主党人是有毒的"铜头蛇"，是"美国汉奸"。他们指责和平民主党人不忠诚，指控他们援助叛军，暗中破坏战争行动。林肯立场坚定，授权军官监禁所有妨碍征兵或者以其他方式援助叛军的人。截至 1863 年夏，超过 1.3 万名反战人士被关进了北方监狱。林肯监禁了一名反对征兵草案的俄亥俄州著名民主党人，因此受到批评，他厉声反驳道："难道我必须枪决单纯的逃兵，却不能碰煽动他逃跑的人的一根头发吗？"

那个夏天，北方几个城市爆发了征兵暴乱。在纽约，一群暴民烧毁了征兵办公室，袭击了市长的官邸，拥进城里的黑人聚集区，用棍棒和鞭子打死黑人，杀死试图干预的警察和白人。

在联邦军队恢复秩序之前，已经有 500 多人丧生。

纽约州州长要求林肯停止征兵，并废除《解放宣言》。林肯回答说，他永远不会放弃解放，征兵仍将继续，因为联邦军队需要士兵来确保战争的胜利。他的秘书约翰·海伊对总统强硬的态度印象深刻，海伊说："他再也不会任人欺负了，即使是朋友也不行。"

然而胜利遥遥无期。战斗持续了几个月，死亡人数不断上升，林肯和他的将军们仍旧厄运连连。在安提坦，麦克莱伦阻止了李将军进入马里兰州，但并没有对叛军乘胜追击。他在安提坦驻扎下来，总统催促他采取行动时，他却抱怨物资缺乏，

上图：大兵亚伯拉罕·布朗，马萨诸塞州第54军，1863年

右图：黑人步兵，马修·布雷迪摄于林肯堡

马匹劳累。林肯喃喃自语道："麦克莱伦太慢了。"等到麦克莱伦终于开始追捕李将军时，叛军早已翻过蓝岭山脉，安全抵达弗吉尼亚中部地区。林肯失去了耐心。1862年11月，他解除了麦克莱伦指挥官职位，结束了这位优柔寡断的将军坎坷的军旅生涯。

安布罗斯·埃弗雷特·柏恩赛德接替了麦克莱伦。他立即向南行进，进入弗吉尼亚，直接进军弗雷德里克斯堡，导致联邦士兵死伤人数高达1.2万人。柏恩赛德羞愧难当，主动要求解除指挥权。

接替柏恩赛德的是"好战的乔"——约瑟夫·胡克将军，他开始计划在弗吉尼亚州对叛军发动一场新的战役。胡克表示："我的计划无懈可击。一旦开始执行，只能愿上帝保佑李将军，因为我不会对他有一丝一毫的怜悯。"但胡克和柏恩赛德一样，仅仅只坚持了一场战斗。1863年5月初，他在钱斯勒斯维尔战败，李将军击溃了士气低落的联邦军队，联邦士兵死伤1.7万人。

李将军决心把战争推进到北方。六月，他的军队从弗吉尼亚向北行进，穿过马里兰州，侵入宾夕法尼亚州，北方一时陷入恐慌。林肯任命乔治·戈登·米德将军接替胡克成为新一任指挥官，米德将军迅速将他的部队派往宾夕法尼亚州阻止叛军。7月1日，两军在小城葛底斯堡交锋，17万名士兵在这场最壮烈的战争中交战。

7月4日，经过三天的激战，双方伤亡人数达5万多人。李将军的军队支离破碎，惨遭失败，开始撤回弗吉尼亚。当胜利的消息传到林肯那里时，他命令米德乘胜追击李将军，一举

1862 年 10 月 3 日，林肯与乔治·麦克莱伦将军在安提坦交谈

皮克特在葛底斯堡冲锋陷阵，这是美国史上最血腥的战役

摧毁他的军队。林肯发电报说："不要让敌军逃跑。"但米德犹豫不决，李将军趁机率领撤退的军队安全渡过波托马克河。总统恸哭道："他们本来已经在我们的掌控之中，我们离成功只有一步之遥。"

林肯仍旧没有找到指挥官的合适人选，担心战争会变得扑朔迷离①。他问："对这样的将军，我能怎么办呢？还有谁比米德更能干吗？"

四个月后，葛底斯堡举行了国家公墓揭幕仪式，悼念在那

———————

① 扑（pū）朔（shuò）迷离，形容事物错综复杂，难于辨别。

里牺牲的士兵。主要演讲者是马萨诸塞州的爱德华·埃弗里特，当时最著名的演说家。总统会在埃弗里特演讲完毕之后"再适当地说几句"。

这场战争已经进入到第三个年头，林肯想要简短地讲一下战争的伟大意义。他开始在华盛顿着手准备演讲稿，但当他在仪式前一天搭乘专列前往葛底斯堡时，演讲稿还未完成。晚饭过后，他回到房间继续准备演讲稿。第二天早饭过后，他又做了最后的修饰润色。他把演讲稿写在横格纸上，写了两页，大约有270个字，他说："这就是我所说的简短讲话。"

那天早上，林肯穿上大家熟悉的黑色西装，戴着烟囱帽，在政治家和其他政要、铜管乐队和行进士兵的陪同下，骑马前

葛底斯堡战场上阵亡的联邦军和联盟军士兵

往葛底斯堡郊外的墓地。总统的队伍穿过战场，一路上阵亡的战马僵硬地躺在四周，秋叶四处飘散。1.5万多名民众聚集在演讲台前，身后是尚未完工的公墓和临时坟墓，著名的战场就在不远处。

爱德华·埃弗里特演讲了两个小时，很多人开始躁动不安，四处溜达，探索战场。终于轮到林肯了。他从座位上站起来，从口袋里掏出两张纸，戴上眼镜，高声说："87年以前，我们的祖先在这大陆上建立了一个国家，它孕育于自由，并且献身给一种理念，即所有人都是生来平等的。"

人群中，一位摄影师摆弄着相机，准备在总统讲话时给他拍照。但他还未调试好相机，演讲就结束了。

林肯的发言仅有两分钟，一些听众很失望。反对派的报纸批评林肯的演讲配不上这个场合，一些报纸甚至只字未提，林肯自己也感到演讲失败了。他当然不会意识到，1863年11月19日下午在葛底斯堡的演讲在100多年后成为传世经典，被世人铭记。

林肯曾说过，这场战争是为了维护美国大胆的民主实验。1776年开国元勋们创建了一种新型政府，其理念是人人都能平等地享有自由，可以通过自由选举来自治，而战争是为了考验这样一种政府是否能够持久。成千上万人在葛底斯堡浴血奋战，壮烈牺牲，为的是保护国家及其民主观念。现在，活着的人必须去完成他们未竟的事业，确保"不能让他们白白死去，要使这个国家在上帝的庇佑之下，得到新生的自由，要使那民有、民治、民享的政府不致从地球上消失"。

Four score and seven years ago our fathers brought forth upon this continent, a new nation, conceived in Liberty, and dedicated to the proposition that all men are created equal.

Now we are engaged in a great civil war, testing whether that nation, or any nation so conceived, and so dedicated, can long endure. We are met on a great battle-field of that war. We have come to dedicate a portion of that field, as a final resting place for those who here gave their lives, that that nation might live. It is altogether fitting and proper that we should do this.

But, in a larger sense, we can not dedicate — we can not consecrate — we can not hallow — this ground. The brave men, living and dead, who struggled here, have consecrated it, far above our poor power to add or detract. The world will little note, nor long remember, what we say here, but it can never forget what they did here. It is for us the living, rather, to be dedicated here to the unfinished work which they who fought here, have, thus far, so nobly advanced. It is rather for us to be here dedicated to the great task remaining before us — that from these honored dead we take increased devotion to that cause for which they here gave the last full measure of devotion — that we here highly resolve that these dead shall not have died in vain — that this nation, under God, shall have a new birth of freedom — and that, government of the people, by the people, for the people, shall not perish from the earth.

林肯写了 6 份葛底斯堡演讲稿，其中 5 份保存至今，每份都有细微差别。这里展示的是在斯普林菲尔德的旧州议会大厦展出的副本焦虑和疲倦已经深深印在了总统的身上。战争还在缓慢地推进，林肯一直铭记着这场战斗关乎性命。白宫的门厅里总是挤满了想要见他的人，他总是答应接见，一天又一天地坐在办公室里，倾听他们的请求和抱怨。

他难以安睡，通常很早就起床，安静地在办公室工作一阵后再去吃早饭。早饭过后，他又回到办公桌前，工作一个小时后开门接见来访者。他通常先开个玩笑或讲个故事让来访者放松，问："我能为您做点什么？"然后俯下身去倾听，偶尔抚摸着下巴，或是双手抓住膝盖。他的秘书抱怨他让自己累坏了，但林肯不愿放弃接受这种"舆论沐浴"，这让他能够与络绎不绝①到办公室的民众面对面交谈。

其中一位来访者是很有影响力的黑人领袖弗雷德里克·道格拉斯。尽管道格拉斯与林肯在许多问题上意见不一，但他越来越敬佩并喜欢总统，两个人见了好几次面。道格拉斯后来说："在我对林肯先生的所有采访中，他对有色人种毫无偏见，这给我留下了深刻的印象。他是我在美国能够畅所欲言的第一个伟人，他从来没有让我感到我们俩的差别以及肤色差异。他来自一个有黑人法律的州，这是我觉得更加令人称道的地方。"

林肯吃午饭的速度很快，之后会读一会儿书，然后转向桌上成堆的文件，其中最艰难的工作是审查联邦士兵的军事法庭判决：判处睡着的哨兵，因思乡而逃跑的士兵、懦夫、逃兵等等。他想要主持正义，但是却找借口宽恕这些士兵。他不愿批准死

---

① 络绎不绝，形容（人、马、车、船等）前后相接，连续不断。

弗雷德里克·道格拉斯生来就是奴隶，后来逃走
并获得自由，成为当时最有影响力的黑人领袖

刑，尤其是处决在战场上临阵脱逃的士兵。

"你看到我桌上信件格里堆满的文件了吗？"林肯问其中
一位来访者，"它们就是你所说的'敌人面前的懦弱'案，我
把它们简称为'腿案'。我想让你自己做决定，如果全能的上
帝赐予了人类懦弱的双腿，他又怎能帮助他们一起逃跑呢？"

林肯擅长最后一分钟赦免和缓刑，这让他声名远播。一位
朋友评论说："将军们总是希望在文件送达总统那儿之前尽快
执行死刑。他的心善良得像个小女孩儿。"

林肯认为自己胆小懦弱。就算这样，他仍尽力履行自己的
职责，但并不总是干预。事实上，在内战期间有大量士兵在军
事法庭上受到处决，但当他能想到一个宽恕的好理由时，就立

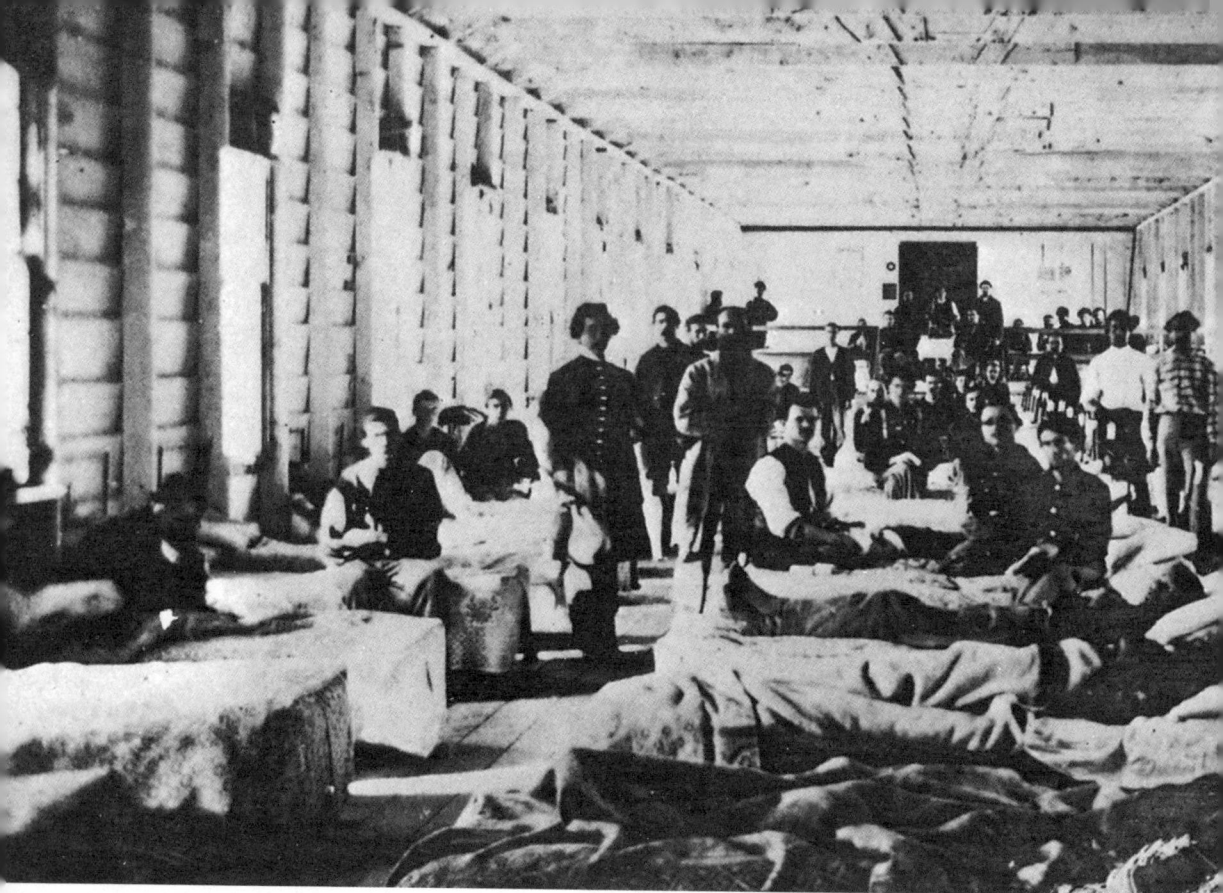

刻赦免。他说："辛苦地工作了一天后，如果我能找到救人一命的借口，我会觉得轻松。"

下午晚些时候，在骑兵的护送下，林肯会与玛丽一起乘坐马车兜风，途经乡间，呼吸新鲜空气。返回白宫前，他们有时会在军队食堂或军队医院短暂停留，与士兵们交谈。如果那天晚上没有正式活动的话，林肯一家可能会去玛丽喜爱的歌剧院或戏院。有时候林肯会与一些亲密的朋友聚聚，放松一下，做回以往的自己，又变成了那个"最快乐的健谈者，最冒险的说书人"——一位朋友如是说。

大多数晚上，晚饭过后林肯会回到办公室，开着灯工作到深夜。他睡觉之前的最后一件事是去陆军部电报室，阅读从前

华盛顿医院的病房里受伤的联邦士兵。林肯还去医院看望了受伤的南方盟军士兵。据杰罗姆·沃克医生说："他同样地和蔼，同样地热情握手，同样地关心人民福祉，就像与我们自己的士兵在一起时一样。"

线发回的最新报道。

　　在西线，联邦军接连取胜。1863 年 7 月 4 日，葛底斯堡战役后的第二天，南方联盟在密西西比流域最后一个重要据点维克斯堡的要塞向尤利西斯·格兰特将军投降。在林肯发表葛底斯堡演说的时候，格兰特率领的联邦军队已经穿过田纳西州，向佐治亚州和南方联盟的中心地带进发。格兰特是总统唯一可信任的指挥官，1864 年初，林肯把这位蓄着络腮胡子，抽着雪茄的将军召到华盛顿，任命他为联邦军队总司令。

　　格兰特和林肯共同制订了一项粉碎南方联盟的计划，他们将在所有战线发动联合进攻，从各个方向对敌军发起猛烈攻势。在东部，格兰特将会亲自指挥一场针对李将军在弗吉尼亚军队

尤利西斯·S.格兰特（格兰特第一次在内战中提出了"无条件投降"的说法），林肯最喜爱的指挥官，于1864年担任总司令

的新战役，向叛军首都里士满推进。在西部，威廉·特库塞·谢尔曼将军率领的联邦军队将从田纳西州向佐治亚州推进，袭击亚特兰大的关键铁路枢纽，随后谢尔曼会率军北上到弗吉尼亚州，对南方联盟形成三角式包围。林肯满怀希望，说："格兰特是我真正拥有的第一个将军。你知道的，其他人都不是当将军的料，他们想让我当将军。我很高兴能找到一个好帮手，一个不需要我也能独自率军打仗的人。"

1864年5月，这场战争最大的攻势正式打响。格兰特进军弗吉尼亚州，到达了一片茂密的森林，遇到李将军新建军队的顽强抵御。格兰特宣称："我打算在这条战线上战斗到底，哪怕要打整个夏天。"不幸言中。在里士满附近打了三场大战后，

联盟将军罗伯特·爱德华·李

格兰特也不能拿下这座城市。他的损失令人震惊，在森林战役中约有 5.4 万名联邦士兵伤亡。林肯哀痛地说："那么多可怜的人，多可怕的痛苦，多惨痛的伤亡。"

整个北方都对死亡人数感到震惊。结束杀戮，带年轻士兵们回家的呼声越来越大。除了各种麻烦事外，林肯还不得不担心 1864 年即将举行的总统选举。北方民主党人决心将总统赶下台，还有一些共和党人，即林肯所在政党的成员，也说不再支持他，要支持另外一位总统候选人。他们感觉林肯对战争的推动力度不够，即使战争结束了他也会对南方过于宽容。无论如何，他不受欢迎，无法赢得连任。

林肯想要继续执政，如果能连任就表明民众支持他的解放政策。他感到自己也"并非完全不值得委以重任"，有能力继续坚守 1861 年以来的岗位。大多数共和党人仍然支持他，此时他竭尽所能地运用总统权力支持和说服共和党，并促使不情愿的共和党人加入自己的阵营。6 月，代表共和党和"战争民主党"的全国联盟大会提名他连任。

之后民主党人提名了他们的候选人乔治·布林顿·麦克莱伦将军，他正是当初被林肯解除军职的麦克莱伦。麦克莱伦以和平态势与林肯竞选，他承诺立即停止战斗，同时恢复联邦和奴隶制。

1864 年夏天是林肯总统生涯中最惨淡的时期。北方人民已经厌倦了不断要求增兵，伤亡人数不断增加，以及战争仍旧缺乏进展的现状。无论敌友都确信林肯不会赢得选举，一些共和党人呼吁总统下台，支持更有能力的候选人。林肯自己也认为他不会获胜。在一个秘密的备忘录里，他简要写下选举结果对他不利时有序移交权力的计划，他写道："本届政府不再当选的可能性似乎相当大。"

随着大选临近，一个激动人心的好消息传来！在佐治亚州，谢尔曼将军终于挺进亚特兰大，经过长时间的围困，攻下了这

1864 年大选的政治卡通，展现了林肯、麦克莱伦将军以及杰弗逊·戴维斯的联邦之争

威廉·特库塞·谢尔曼率领联邦军直击佐治亚州。
谢尔曼提倡全面战争，宣称："我们不仅要打倒敌军，
还要打倒敌对的人民。我们一定要让所有人，不论
男女老少、富贵贫穷，都感受到战争的铁腕。"

座城市。谢尔曼报告说："亚特兰大现在是我们的了。"他命
令撤离这座城市，并命令军队摧毁所有具有军事价值的仓库、
工厂和军火库。

亚特兰大战火弥漫，同时谢尔曼还展开了一场横穿佐治亚
州的毁灭性行军，毁坏田野，驱逐牲畜，所到之处硝烟弥漫，
一片狼藉。在弗吉尼亚州，菲利普·谢里登率领的骑兵部队正
在谢南多厄河谷打击叛军，与此同时，格兰特正加紧对里士满
的控制。

联邦军队最终迎来了胜利。1864 年 11 月 8 日大选前夕，
战争结束已经指日可待。事实证明林肯的政策确实有效，曾批

评总统的共和党人团结在他周围，在大约 400 万张选票中，他以将近 50 万张的优势赢得连任。

林肯把这场选举看成是推进解放方案的授权。几个月来，他一直在督促国会通过一项宪法修正案，使奴隶制在美国的任何地方都变得非法，不仅是在南方的叛乱州，而且在忠诚的边境州（留在联邦之内却未废除奴隶制的州）也是如此。林肯知道他的《解放宣言》是一项战时政策，有可能随时遭到法院、国会或是未来一任总统的推翻，而宪法修正案将会永久废除奴隶制。

随着 1864 年冬天的到来，林肯给反对修正案的国会议员施加了巨大压力。最终投票日在 1865 年 1 月 31 日，这一天，众议院欢呼着通过了禁止美国奴隶制的第十三修正案。林肯称赞这次的投票是一次"伟大的道德胜利"。波士顿废奴主义者威廉·劳埃德·加里森过去经常批评林肯，现在反过头来称他为"打破百万受压迫人民镣铐的总统"。

一个月后，3 月 4 日，林肯再次站在国会大厦前宣誓就职。总统的脸上清晰地显现出战争所带给他的巨大压力。一个朋友说他看上去"忧虑憔悴，饱经沧桑"。

长时间以来，林肯深刻地思考过战争的恐怖，努力想弄明白为何这个民族会卷入这场暴行、破坏以及死亡之中。起初，问题似乎是为了拯救联邦，但到最后，奴隶制却成为了真正的问题。这场战争表明，联邦只有在完全自由的情况下才能幸存。

在林肯的第二次就职演说中，他把奴隶制称为一种令人憎恨的邪恶行为，在上帝眼里甚至是一种罪恶。他宣称，北方和南方同样都有奴隶制的罪责，"这场战争浩劫"是一场可怕的报复，是对纵容人性枷锁肆虐的惩罚。现在，奴隶制度已经废除，疗伤的时候到了。林肯对拿起武器反抗联邦的南方人不曾有过恶意和怨恨，他在演讲中说道：

"我们对任何人都没有恶意，对所有人都怀有善心，我们坚信上帝赋予我们明辨是非的能力，让我们努力完成未竟的事业；抚平国家的创伤；关怀每一个战死的烈士和他的妻儿；尽一切力量实现并维护我们国家内部及与各个国家之间公正且长久的和平。"

就在林肯发表演说时，联邦的战争机器正朝着最终的胜利扫荡而去。谢尔曼从亚特兰大向大海行进，占领了沿海城市萨凡纳，之后穿过南方心脏地带向北猛冲。位于南卡罗来纳州的查尔斯顿是战争的引爆之地，2月向联邦军投降。截至3月，谢尔曼已进入北卡罗来纳州，正赶往弗吉尼亚州，与格兰特的军队在此会合。

里士满依旧遭受重重围困。4月2日，罗伯特·爱德华·李通知联盟总统杰弗逊·戴维斯，称自己无法守住战线，不得不撤出里士满。那天晚上，戴维斯和政府官员逃到弗吉尼亚州的丹维尔，烧毁了身后的桥梁和仓库。大火很快蔓延至里士满，导致数百栋建筑起火。4月3日，当联邦军队到达这座城市时，他们的首要任务就是灭火。

第二天，林肯和儿子塔德以及一支小型军事护卫队沿着詹姆斯河航行，这样他能亲眼看看4年来一直是叛乱中心的首府。在他上岸时，城市上空笼罩着一层烟雾，大火依旧在燃烧。街

战争结束后，南卡罗来纳州的查尔斯顿一片废墟

上只有解放了的奴隶和黑人联邦军队，他们立刻认出了林肯高高的烟囱帽。

欢呼雀跃的黑人们聚集在总统周围，大笑着呼喊他的名字，伸手去握他的手。越来越多的人群跟在林肯和塔德身后，穿过燃烧的废墟堆，向杰弗逊·戴维斯总部——南部联盟行政大厦走去。林肯走进了这座废弃的建筑物，走到戴维斯的办公室，站在曾经属于南方联盟总统的办公桌前，然后坐在戴维斯的椅子上，周围的联邦士兵爆发出欢呼声。

里士满城外的战斗依旧在持续。但几天后，战争几乎就要结束了。4月9日，李将军和格兰特在弗吉尼亚州的阿波马托克斯法院见面，两个人互相寒暄之后，格兰特接受了李将军的投降。李将军率领的士兵们要卸下武器，但他们能够留下战马，以便回家帮助春耕。格兰特给总统发了一封电报："今天早上，李将军按照我提出的条件投降。"

5月，联邦军队抓捕了杰弗逊·戴维斯。在此之前，他一直不肯承认战败，但就实际情况而言，战争已经结束。

美国内战几乎持续了整整4年，60多万人牺牲，大约相当于美国内战前后所有战争的死亡人数之和。双方都没想到战争会持续如此之久，也没想到战争会以废除奴隶制收场。

1861

1862

1863

1864

战争的压力：一组在林肯执政四年期间拍摄的照片，表明战争的压力和焦虑在他脸上刻下印记

左图：1865 年 4 月 10 日，在位于华盛顿的亚历山大·加德纳摄影棚里，疲惫不堪的林肯总统最后一次面对镜头。在加德纳拍摄照片时，玻璃底片的顶部开裂。只印完一张照片后，底片彻底破碎

右图：悬赏海报发布 6 天后，暗杀林肯的凶手被困在弗吉尼亚的一个谷仓里，围剿的军队将其击毙

SURRAT.   BOOTH.   HAROLD.

War Department, Washington, April 20, 1865,

$100,000 REWARD!

THE MURDERER

Of our late beloved President, Abraham Lincoln,

IS STILL AT LARGE.

$50,000 REWARD

Will be paid by this Department for his apprehension, in addition to any reward offered by Municipal Authorities or State Executives.

$25,000 REWARD

Will be paid for the apprehension of JOHN H. SURRATT, one of Booth's Accomplices.

$25,000 REWARD

Will be paid for the apprehension of David C. Harold, another of Booth's accomplices.

LIBERAL REWARDS will be paid for any information that shall conduce to the arrest of either of the above-named criminals, or their accomplices.

All persons harboring or secreting the said persons, or either of them, or aiding or assisting their concealment or escape, will be treated as accomplices in the murder of the President and the attempted assassination of the Secretary of State, and shall be subject to trial before a Military Commission and the punishment of DEATH.

Let the stain of innocent blood be removed from the land by the arrest and punishment of the murderers.

All good citizens are exhorted to aid public justice on this occasion. Every man should consider his own conscience charged with this solemn duty, and rest neither night nor day until it be accomplished.

EDWIN M. STANTON, Secretary of War.

DESCRIPTIONS.—BOOTH is Five Feet 7 or 8 inches high, slender build, high forehead, black hair, black eyes, and wears a heavy black moustache.

JOHN H. SURRAT is about 5 feet, 9 inches. Hair rather thin and dark; eyes rather light; no beard. Would weigh 145 or 150 pounds. Complexion rather pale and clear, with color in his cheeks. Wore light clothes of fine quality. Shoulders square; cheek bones rather prominent; chin narrow; ears projecting at the top; forehead rather low and square, but broad. Parts his hair on the right side; neck rather long. His lips are firmly set. A slim man.

DAVID C. HAROLD is five feet six inches high, hair dark, eyes dark, eyebrows rather heavy, full face, nose short, hand short and fleshy, feet small, instep high, round bodied, naturally quick and active, slightly closes his eyes when looking at a person.

NOTICE.—In addition to the above, State and other authorities have offered rewards amounting to almost one hundred thousand dollars, making an aggregate of about TWO HUNDRED THOUSAND DOLLARS.

Chapter 7

白宫里谁死了？

　　林肯自从担任总统以来，不断地收到威胁信件，生命安全无法保证。1865 年 4 月，在福特剧院里，林肯被暗杀，第二天上午与世长辞，年仅 56 岁。几天之后，他的葬礼举行，白人和黑人，士兵和平民，成千上万的人都为这位英雄送行。

"我知道有危险，但我并不担心。"

　　总统的朋友们都担心他的安全，害怕叛军支持者会以绑架或暗杀这种极端的方式来挽救南部联盟。

　　自从林肯首次当选总统以来，他就一直生活在绑架和暗杀的传言中，接二连三地收到威胁信。他把信件都放进一个鼓鼓囊囊的信封里，上面写着"暗杀"。

　　"很久以前我就想清楚了，如果有人要杀我，他肯定能做到，"他告诉一名报社记者，"就算我穿着盔甲，周围全是保镖，结局还是一样。如果你真要一个人死，杀人的方法何止1000个。"

　　尽管如此，他的顾问们还是坚持采取预防措施。白宫草坪上有士兵扎营，下午他乘坐马车兜风时有骑兵护送，便衣侦探担任私人保镖。他虽然埋怨这种"过度"保护，但还是接受了。其实他早就做好了死的准备，因为他曾不止一次地被噩梦惊醒。

　　他告诉一些朋友，他在4月初，也就是里士满沦陷之前做过的一个梦。在梦中，他徘徊在白宫的大厅里，听见人们在哭泣，但是走进每个房间查看时，却看不到人影。

　　他一直走到白宫的东厅。"在那里，我遇到了一件令人震惊的事。在我面前躺着一具裹着丧服的尸体，尸体周围肃立着守卫的士兵。并且还有一大群人，有的人注视着被盖住脸庞的尸体，悲痛欲绝；有的则哽咽①落泪。'白宫里谁死了？'我紧张地问其中一名士兵。'总统，'他答道，'他遭暗杀了。'突然，人群中爆发出巨大的悲鸣，将我从梦中惊醒。那天晚上我再也睡不着了。"

1865 年 4 月 14 日，星期五，是耶稣受难日。罗伯特·李在 5 天前投降了，华盛顿洋溢着节日的喜庆。为了在早餐前就开始工作，林肯像往常一样起得很早，他满心期待这天的日程安排。那天下午他对妻子说："我这辈子从来没有这么开心过。"

上午 11 点钟，他会见了内阁成员，特邀格兰特将军作为贵宾出席会议。会议主要围绕战败后南方的重建问题。林肯再次强调，他希望不再有迫害："不要再有流血牺牲，"已经流了太多的血了。他说："国会里有人充满仇恨和报复心，我不同情，更不支持。"

午饭后，他回到办公室审查军事法庭的判决，撤销了一名南方间谍的死刑，还赦免了一个逃兵。他署名并附上了这样一句话："我认为这个男孩活着比埋在土里能做更多贡献。"

下午晚些时候，他和玛丽一起乘坐马车兜风。那天晚上他们会和另一对夫妇一起去剧院，但在那之前，他们想要一些独处的时间。战争对他们两人来说都太残忍了，自从威利死后，玛丽一直饱受抑郁和恐惧之苦，有时林肯也担心妻子的精神状

---

① 哽（gěng）咽（yè），指哭时不能痛快地出声。

态。当马车驶过乡村时，他们充满希望地谈论起未来的岁月。林肯说："我们俩未来要更开心些，这场战争以及我们亲爱的儿子的离去，让我们一直都太痛苦了。"

晚餐后，在亨利·里德·拉思伯恩少校及其未婚妻克拉拉·哈里斯的陪同下，林肯携夫人出发前往福特剧院。他们去得晚，经人护送走上一段蜿蜒的楼梯，来到悬挂旗帜的总统包厢，俯瞰舞台。戏剧早已经开始，但是当林肯一行进入包厢时，管弦乐队奏响了"向总统致敬"的音乐，观众们也纷纷起立鼓掌。林肯微笑着鞠躬，随即坐在剧院为他准备的摇椅上，并戴上一副他用细线修好的金边眼镜。玛丽与其并排而坐，拉思伯恩少校和哈里斯小姐则坐在他们右边。

他们观看的是流行喜剧《我们美国的表兄弟》，由劳拉·基恩主演，已演出了1000多场。林肯仰面躺在椅子上，放松下来，放声大笑，不时侧身和妻子低声说话。戏演到一半时，他感到一阵寒意，起身将他的黑色外套披在肩上。

在第三幕时，玛丽伸手握住林肯的手，向他靠得更近了一点。他们身后的包厢门虽然是关着的，可却没有上锁。那天晚上，林肯的保镖约翰·帕克本该在门外站岗，却溜下楼看戏去了。

当观众席上爆发出一阵大笑时，包厢的门突然打开，一个黑影溜进包厢，用德林杰手枪①对准林肯的后脑，抬手就是一枪。林肯的手臂猛地抬起，玛丽伸手去抓他时，他瘫倒在椅子上，玛丽尖叫起来。

---

① 德林杰手枪由美国著名枪械设计师德林杰研制，由于林肯被此枪杀死，所以美国海军和陆军一直拒绝使用这种手枪。

华盛顿特区的福特剧院

演员约翰·威尔克斯·布斯的致命一击。出自《哈珀周刊》

　　拉思伯恩少校抬起头来，看到一个人站在那里，一手拿着还在冒烟的手枪，一手拿着猎刀。他向枪手猛扑过去，枪手大喊一声，刺伤了拉思伯恩少校的手臂。袭击者想要从包厢跳到12英尺（约3.7米）下方的舞台上，可挂在包厢上的国旗将他那带马刺的靴子绊住了，他撞上了舞台，摔断了左腿胫骨。

　　袭击者挣扎着站起来，面对观众，高喊着弗吉尼亚联邦的口号："暴君罪有应得！"观众们十分震惊，感到难以置信。他们认出这个男人竟然是著名演员约翰·威尔克斯·布斯。发生什么事了？这难道也是戏剧的一部分？

布斯一瘸一拐地走下舞台，出了门，一匹马在那里备好鞍等着。12天后，联邦军队逮捕了他，在弗吉尼亚州的一个谷仓

布斯挥舞着刀子，从总统包厢跳到舞台上。出自《哈珀周刊》

在剧院门口，布斯骑上备好的马逃走
图片出处：《弗兰克·莱斯利画报》

中将其枪决。

剧院里顿时一片哗然，劳拉·基恩在舞台上大喊道："总统中枪了！总统中枪了！"人们尖叫着，站到椅子上，挤向出口。

两名医生立即冲进总统包厢，林肯中枪后立刻失去了意识。子弹射入他左耳上方的头骨，刺穿大脑，卡在右眼后面。当医生们对他进行检查时，玛丽在旁边走来走去，歇斯底里地抽泣着。最后，6名士兵把总统抬出剧院，穿过雾蒙蒙的街道，送到了一家寄宿旅馆，一个手持蜡烛的人向他们招手示意。总统被安放在走廊外一间小房间内，这张有四根帷柱的床不够长，

他不得不斜躺在玉米皮床垫上。

当晚，5 位医生一起抢救总统。他虽不时地呻吟着，却恢复不了意识。房间里挤满了内阁成员、国会议员和高级政府官员。玛丽在前厅等候，她哭着说："带塔德来，他会对塔德说话的，他是那么爱他。"那天晚上，塔德正在看另一场戏，他抽泣着说："他们杀了我的爸爸！他们杀了我的爸爸！"人们将他带回白宫等候。

罗伯特·林肯（林肯的长子）被叫进房间，同其他默不作声的人一起静静立于床侧。外面响着马蹄声，是骑兵巡逻队在街上穿行。另一名刺客刚才曾试图谋杀国务卿威廉·西华德。所有人都怀疑这次袭击是反叛分子阴谋的一部分，目的是谋杀多名政府官员并占领这座城市。

黎明时分，天下起了大雨，林肯的呼吸非常微弱。罗伯特·林肯忍不住哭了，房间里其他人也开始哭泣。1865 年 4 月 15 日上午 7 点 22 分，林肯逝世，享年 56 岁。一位医生将总统的双手交叉叠放在胸前，轻轻抚平他紧绷的脸颊，替他合上眼睛，在他的头上盖上白布。陆军部长埃德温·麦克马斯特斯·斯坦顿低声说道："现在，他属于历史！"

4 天后，4 月 19 日，葬礼在白宫东厅举行。之后，伴随着低沉的鼓声和教堂的钟声，一支黑人部队带领着长长的送葬队伍，慢慢地沿着宾夕法尼亚大道前进。当送葬队伍到达国会大厦时，林肯的遗体抬了进去，安放在国会大厦圆顶大厅。第二天，黑人和白人，士兵和平民，成千上万的人都在雨中耐心地等候，排队瞻仰灵柩中的总统。

4月21日，一列送葬火车启程前往1600英里外的伊利诺伊州，载着亚伯拉罕·林肯回到他最终的安息之地——斯普林菲尔德。列车沿着林肯当选总统后前往华盛顿就职的线路行驶。它在沿途的主要城市稍做停留，以便让哀悼者与总统告别。在没有停留的地方，男女老少也仍静静地站在路旁，目送列车通过。

1865年4月19日，华盛顿特区宾夕法尼亚大道上林肯的送葬队伍

斯普林菲尔德市民排队等候进入州议会大厦瞻仰林肯的遗体

　　5月2日晚，列车驶离芝加哥，穿过伊利诺伊州的大草原，冒雨向南行驶。当地居民在铁路沿线搭好了篝火，当送葬列车经过时，他们站在草原上的每一个村庄和十字路口，在红色的篝火旁默哀。

　　上午9点，列车鸣笛驶进斯普林菲尔德，慢慢地穿过市中心，停靠在车站。士兵和官员代表已经在那里等候，成千上万的人挤在车站周围的街道上，或者爬上附近的屋顶。军乐队开始演奏葬礼挽歌，斯普林菲尔德的钟声都已敲响，士兵们鸣枪致敬。当列车缓缓停下，人群陷入沉默。

　　林肯逝世的那个早晨，有人清理了他的口袋，把所有东西放进了一个盒子。盒子用牛皮纸包着，上面还系着绳子。罗伯特·林肯把它交给了自己的女儿，她在1937年把它转赠给了美国国会图书馆。盒子上贴着"不要打开"的标签，一直锁在一个墓室中。直到1976年，在图书馆工作人员的见证下，盒子上的绳子终于解开了，那层牛皮纸也终于拆掉。

　　那天早晨，林肯在口袋里装了以下物品：一副叠放在银色眼镜盒里的小眼镜；一小块天鹅绒眼镜布；一条大亚麻手帕，上面用红线绣着"林肯"二字；一把镶银的袖珍象牙刀；还有一个紫色丝绸衬里的棕皮钱包，钱包里有一张南方联盟的五美元钞票，上面印有杰弗逊·戴维斯的肖像。里面还有林肯剪下并保存的8份剪报，上面都是称颂他的内容。作为总统，他受到了太多批评人士的谴责、嘲笑和诅咒，因此当看到称赞他的文章时，他经常会收藏起来。

　　在林肯的钱包里，人们发现了一份剪报，上面有一段英国改革者约翰·布赖特的话。1864年总统大选前不久，布赖特写信给美国报纸出版商霍勒斯·格里利：

　　"所有那些认为奴隶制会削弱美国力量、玷污您在世上的好名声的人，认为恢复联邦是必做之事的人……衷心地希望林肯先生能再次当选……他们认为，在林肯的职业生涯中，他们看到了他伟大而简单的目标以及从不改变、永不动摇的爱国主义精神。"

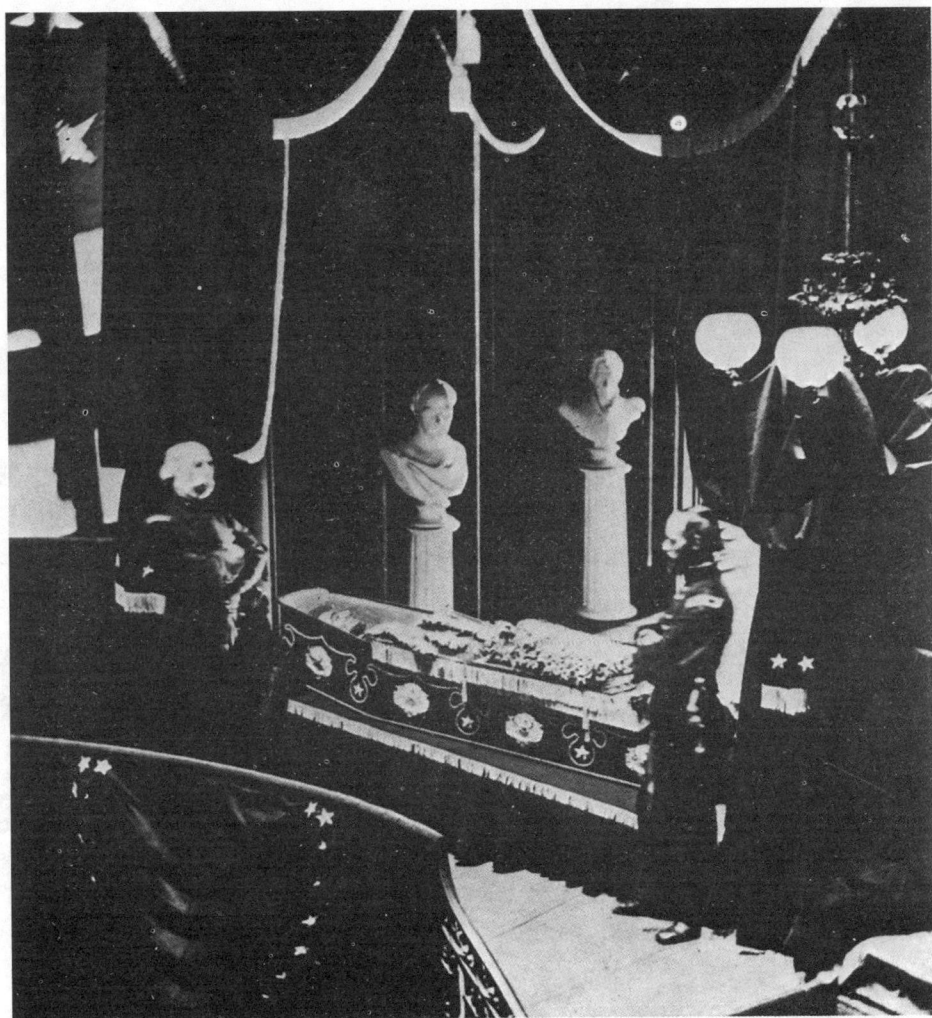

总统遗体供公众前来吊唁，两侧是仪仗队。大卫·罗斯·洛克写道："我看见他躺在棺材里，他的脸还和活着时一样，死亡丝毫没有改变他慈善的面容。他脸上有着同以往一样悲伤的表情，尽管没以前那么悲伤……那是一个疲惫不堪的人突然松了一口气的样子。"

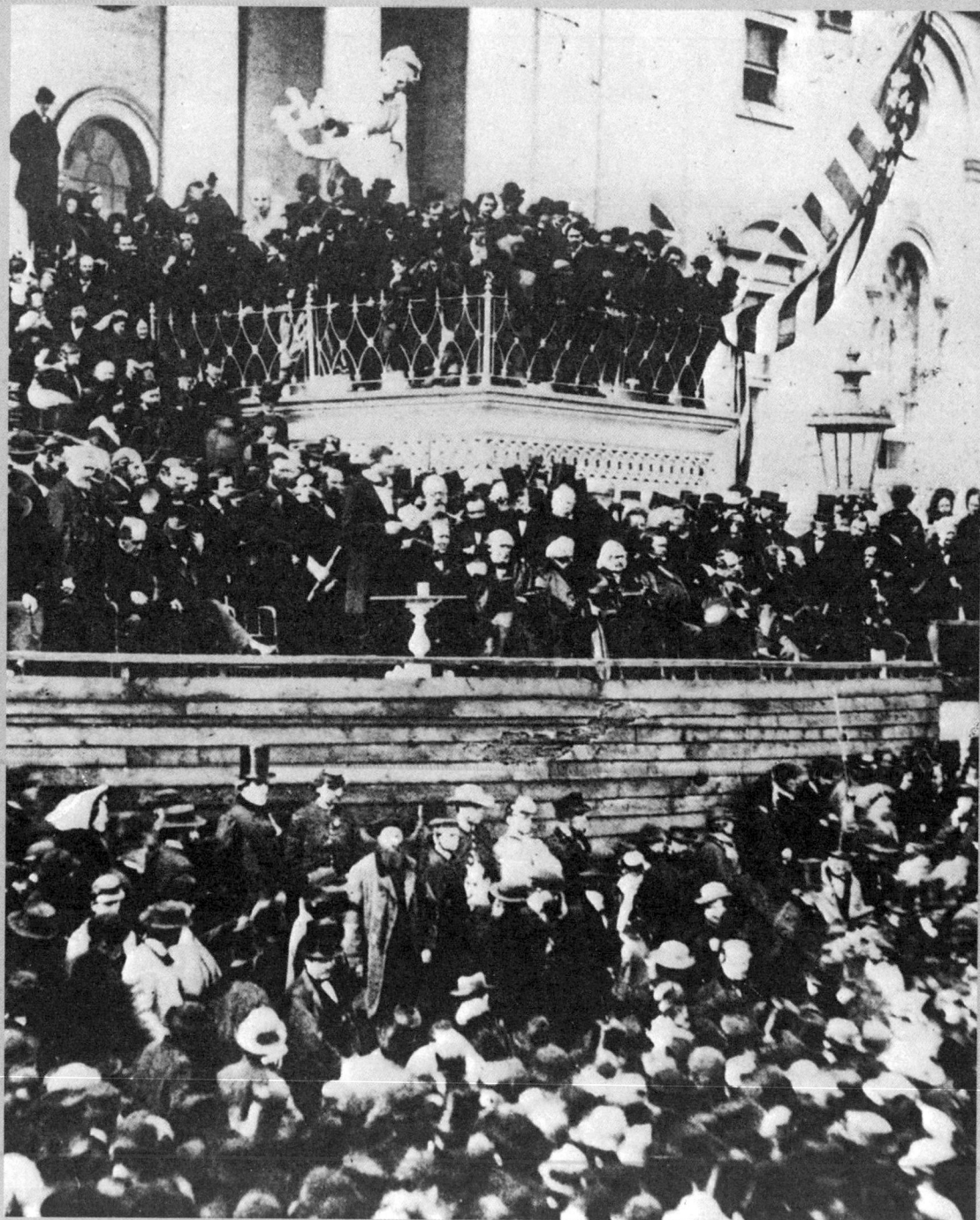

这是 1865 年 3 月 4 日，林肯被刺杀前一个多月时，他在国会大厦前的临时讲台上发表第二次就职演说："我们对任何人都无恶意，我们对所有人都满怀宽容。"

林肯经典名言

　　同胞们，我想你们都知道我是谁，我是出身卑微的亚伯拉罕·林肯。在朋友们的拥护下，我成为立法机关的候选人。我的政见简洁快意，就像老妇人的舞蹈一样。我主张创建国家银行，支持内部改良我们的体制，支持保护性关税，这就是我的观点和政治原则。如果我能当选，我将衷心感谢大家；如果没有，我的主张也不会改变。

　　——摘自林肯于 1832 年 7 月在伊利诺伊州帕普斯维尔市发表的
早期政治演讲

"人人都有自己独特的追求……对我来说，没有什么比通过自己的努力来赢得同胞们的尊敬更伟大的事了。"

——1836 年 6 月 13 日写给《桑加莫杂志》编辑的信

让每一位美国母亲对在她膝上牙牙学语的婴儿灌输对法律的尊重；让法律在小学、中学和大学得到普及；让法律写进识字课本、拼写本和年历本；让法律在布道坛上布讲，在议会厅内宣布，在法院中执行。简言之，让敬重法律成为这个民族的政治信仰。

——摘自 1838 年 1 月 27 日在伊利诺伊州斯普林菲尔德青年学会的演说

人生最美好的东西，就是他同别人的友谊。

——摘自 1849 年 5 月 19 日致詹姆斯·吉莱斯皮尔·布莱恩的信

无论如何，要决心做一个诚实的人。如果你自认为不可能成为一个诚实的律师，那么，宁愿不当律师，也一定要做一个诚实的人。

——摘自一次法律讲座的笔记，未注明日期（1850 年代）

若没有他人的认可，无论你多优秀都不能管理他人，我认为这是共和党纲领的主要原则。

——摘自 1854 年 10 月 16 日在伊利诺伊州皮奥里亚的演讲

你要一直铭记于心，取得成功的信念胜过一切。

——摘自 1855 年 11 月 5 日给胸怀抱负的

法律系学生伊萨姆·雷维斯的建议

我认为《独立宣言》的作者们本意是想将所有的人都涵盖其中，却没有宣布所有人在每一方面都平等。他们并不是说所有人在肤色、身材、智力、道德发展或社会能力方面都平等，而是界定了可以容忍的差异，人们在哪些权利上确实平等，即人在"一些不可剥夺的权利上，包括生命权、自由权和追求幸福的权利"上是平等的。他们是这样说的，也的确是他们的本意。

——摘自 1857 年在斯普林菲尔德的演讲

一旦同胞们对你失去信心，那么你将永远无法重获他们的尊重。你或许可以短时间内欺骗所有人，这也可以一直欺骗某些人，但不可能永远欺骗所有人。

——摘自 1858 年 9 月 8 日在伊利诺伊州克林顿市的演讲

不愿做奴隶的人们，务必同意不拥有奴隶。否认他人自由的人，本身也不应该享有自由。同时在公正的上帝面前，他们也不可能长久地拥有自由。

——摘自 1859 年 4 月 6 日致亨利·莉莉·皮尔斯等人的信

写作是透过眼睛将思想传达给心灵的艺术，是世界上的伟大发明……使我们能够在任何时间和空间与死者、缺席者和未出生者交谈。

——摘自 1860 年 2 月 22 日在斯普林菲尔德市图书馆协会的演讲

我们不要因无端的指责和诽谤就停止履行自己的职责，也不要因政府或牢狱对我们的威胁而心生恐惧。我们要相信正义是力量之源，我们要敢于按照自己的理解去履行自己的职责。

——摘自 1860 年 2 月 27 日于纽约库珀研究所的演讲

我从不羞于承认，25 年前，我受雇于铁路公司，曾经在平底船上工作。任何一个穷人的儿子都会有这样的工作机会。我希望每个人都有这样的机会，并且我相信每一个黑人都有权得到这个机会，这样他就可以改善自己的现状。

——摘自 1860 年 3 月 6 日纽黑文演讲

我们"北方和南方"不是敌人，而是朋友，我们绝不能成为敌人。尽管气氛紧张无比，但也绝不应割断我们之间的感情纽带。记忆的神秘琴弦，从每一个战场和每一座爱国志士的坟墓，延伸向这片广阔土地上每一颗跳动的心和家庭，我们善良的天性必将再度将其拨响，那时就会高奏起联邦大团结的乐章。

——摘自 1861 年 3 月 4 日第一次就职演说

为了实现上述目标，我启用我的职权，正式命令并宣告在上述诸州，以及某些州的上述地区以内，所有作为奴隶的人们，现在和今后永远获得自由；合众国政府，包括海陆军当局在内，将承认并保证上述人们的自由。

——摘自 1863 年 1 月 1 日签署的《解放宣言》

相貌平平的人是世界上最好的人，所以上帝才创造这么多平凡的人。

——摘自 1863 年 12 月 24 日秘书约翰·海伊日记中的
林肯言论

我认为不是我控制了事态的进展，坦白来讲，是事态控制了我。

——摘自 1864 年 4 月 14 日致阿尔伯特·霍奇斯的信

宪法规定，人民意志是最高的法律。

——摘自 1864 年 10 月 19 日对《小夜曲》的答词

我们深情地期盼着，热切地祈求着，但愿这可怕的灾祸能快些过去。

——摘自 1865 年 3 月 4 日第二次就职演说

我一直认为所有人都应该是自由的；但如果有人必须成为奴隶，那么首先应该是那些拥护奴隶制的人，其次是那些希望别人成为奴隶的人。每当我听到有人在为奴隶制辩护时，都会感到一股强烈的冲动，希望他自己当奴隶试试看。

———摘自 1865 年 3 月 17 日在印第安纳州军团的演讲

糟糕的承诺，与其遵守，不如违背。

———摘自 1865 年 4 月 11 日林肯最后一次公开演讲

追随林肯的足迹

　　林肯纪念堂、纪念碑和博物馆每年都吸引数以百万计的游客，以下所列出的历史遗迹在林肯的生活、事业以及逝世中具有重要意义。参观时间及日期可能会有变化。

林肯出生地国家历史遗址位于肯塔基州霍奇维尔南部 3 英里处的 31E 高速公路，联系方式：(502) 358–3874。该地位于"沉泉"农场，是林肯出生的地方。林肯出生地国家纪念堂内重建了一座 19 世纪早期的肯塔基小木屋。开放时间：6月—8月 08：00—18：45；其余月份 08:00—16:45；圣诞节当日休息。如需了解更多信息，请致信: 肯塔基州霍奇维尔 1 号公路负责人，邮编：42748。

林肯童年故居位于美国肯塔基州霍奇维尔东北 7 英里处的 31E 高速公路，联系方式：（502）549–3741。该地位于旋钮溪农场，林肯 2~7 岁时在此居住，仿建的小木屋保留了历史原貌和文物。每年 4 月 1 日至 11 月 1 日，每天开放。

林肯少年国家纪念馆和邻近的**林肯州立公园**位于印第安纳州 1—62 号州际公路，距离圣诞村 4 英里，联系方式：（812）937-4757。这个农场是林肯从小长大的地方，包括重建的小木屋、林肯时代先进的动植物农庄、林肯母亲和姐姐的墓碑，林肯曾经就读的学校以及林肯家庭教堂。开放时间：08：00—17：00，感恩节、圣诞节、元旦当日休息。如需了解更多信息，请致信：印第安纳州林肯城负责人，1816 信箱，邮编：47522。

林肯新塞勒姆州立公园位于伊利诺伊州斯普林菲尔德西北部 20 英里，毗邻 97 号公路彼得斯堡，联系方式：（217）632-7953。该遗址复原了总统青年时生活的村庄，村庄以 23 座木头建筑为特色，包括锯木厂、磨坊、拉特里奇酒馆、"贝瑞和林肯"的商店、学校、驿站马车车站、牛和家畜，以及身着具有当时特色服装的工匠和向导。开放时间:09：00—17：00（夏季）；08：00—16：00（冬季），感恩节、圣诞节、元旦当日休息。如需了解更多信息，请致信：伊利诺伊州彼得斯堡 1 号铁路负责人，邮编：62675。

林肯故居国家历史遗址位于伊利诺伊州斯普林菲尔德第八街与杰克逊大街，联系方式：（217）492-4150。这是林肯名下唯一拥有的房产，在林肯一家搬去华盛顿之前，他们在这里居住了 17 年。房子以当时的年代物件装饰，包括许多林肯家族的物品。开放时间：08:30—17:00（夏季）；冬季时间稍微缩短。感恩节、圣诞节、元旦当日休息。

林肯 – 赫恩登律师事务所位于伊利诺伊州斯普林菲尔德第六街和亚当斯大街，联系方式：（217）782-4836。这是唯一存留的林肯从事法律工作时的建筑。开放时间：09:00—17:00；感恩节、圣诞节、元旦当日休息。

老州议会大厦位于伊利诺伊州斯普林菲尔德第六街和亚当斯大街，联系方式：（217）782-4836。1839 年至 1876 年这里曾是伊利诺伊州的政治中心，在林肯当政时期得以重建和装修。开放时间：09:00—17:00；感恩节、圣诞节、元旦闭馆。

林肯墓园历史遗址位于伊利诺伊州斯普林菲尔德市城郊的橡树岭公墓，联系方式：（217）782-2717。这里是林肯及其家人的安息之地，由公众捐款建造。开放时间：09:00—17：00；感恩节、圣诞节、元旦当日休息。

如需了解更多上述及其他斯普林菲尔德市遗址，请致信：伊利诺伊州斯普林菲尔德亚当斯大街 624 号，斯普林菲尔德旅游局，邮编：62701，联系方式：（217）789-2360 或 1-800-545-7300；伊利诺伊州内：1-800-356-7900。

如需了解林肯遗产轨迹（包括肯塔基州、印第安纳州和伊利诺伊州的历史遗址信息），请致信：伊利诺伊州香槟市布卢明顿路 702 号林肯遗产基金会，邮编：61820。

葛底斯堡国家军事公园位于宾夕法尼亚州葛底斯堡，联系方式：（717）334-1124。这是美国历史上最血腥战斗的战场遗址以及林肯最著名的演讲地点，该遗址建有国家公墓和 1300 多个纪念碑、墓碑及纪念馆。游客中心开放时间：09:00—17:00；感恩节，圣诞节，元旦当日休息；公园开放时间：06:00—22:00。如需了解更多信息，请致信：宾夕法尼亚州葛底斯堡国家军事公园负责人，邮编：17325。

福特剧院国家历史遗址位于华盛顿哥伦比亚特区新泽西州第 10 街 511 号，联系方式：（202）426-6924。该遗址复原了 1865 年 4 月 14 日晚林肯在总统包厢里遭刺时的原貌。地下室的林肯博物馆藏有许多与林肯生活和事业相关的物品，街对面是 516 号彼得森公寓。4 月 15 日，林肯在该公寓内去世。开放时间：09：00—17：00；圣诞节当日休息。因下午的日场和彩排，戏剧节期间福特剧院将在周四、周末关闭，林肯博物馆和彼得森公寓仍然开放。欲了解更多信息，请致信：华盛顿哥伦比亚特区西北区第 10 街 511 号福特剧院国家历史遗址负责人，邮编：20004。

致谢与图片出处说明

关于本书的研究，我要特别感谢：伊利诺伊州阿灵顿海茨纪念图书馆馆长弗兰克·邓普西（Frank J. Dempsey）先生，他以睿智诙谐的方式带领我前往林肯的家乡；随行旅伴是来自肯塔基州欧文斯伯勒的乔治·韦勒（George Weller）博士，他与我一起探访林肯出生地及其童年居住地；伊利诺伊州立历史图书馆林肯收藏馆的策展人托马斯·施瓦茨（Thomas F. Schwartz）先生，他邀请我进入林肯档案库，让我有机会饱览原始文件；以及芝加哥亚伯拉罕·林肯书店的丹尼尔·温伯格（Daniel R. Weinberg）先生，他为我查找林肯文献指明了方向。

还要感谢国家肖像画廊美术馆版权办公室的格蕾丝·丁金斯（Grace L. Dinkins）女士，田纳西州哈罗盖特林肯纪念大学的朱迪·约翰逊（Judy Johnson）先生，印第安纳州韦恩堡林肯图书馆和博物馆的马克·尼利（Mark E. Neely）先生和路易斯·沃伦（Louis A. Warren）先生；国家肖像画廊安·舒马尔德（Ann

Shumard) 女士提供的弗雷德里克·梅瑟夫收藏集；芝加哥历史学会的琳达·齐默 (Linda Ziemer) 女士。感谢所有给予帮助的美国国会图书馆复印与照片部以及国家档案馆图像部的工作人员。

本书中的照片和版画来自以下资源，并经许可后使用：

林肯纪念大学亚伯拉罕·林肯博物馆藏品

芝加哥历史学会

伊利诺伊州历史图书馆

国会图书馆

印第安纳州韦恩堡路易斯·沃伦林肯图书馆和博物馆

马萨诸塞州历史学会

国家档案馆

史密森尼学会国家肖像馆

纽约历史学会

纽约公共图书馆

    作者拉塞尔·弗里德曼(Russell Freedman)在构思这本书时，访问了所有主要的林肯历史遗址。在伊利诺伊州州立历史图书馆，他来到了藏有许多有关美国内战和林肯文件的档案库，看到林肯亲笔写给妻子的书信，以及法庭审判中潦草写下的便条时，他不禁深感震撼。

    《林肯图传》中的照片和版画，选自位于华盛顿特区和伊利诺伊州斯普林菲尔德以及芝加哥、纽约和其他城市的各个档案馆。

    弗里德曼先生居住在纽约，撰写了30多本书，其中包括《西部孩子》(*Children of the Wild West*)（1983年）和《西部的牛仔》(*Cowboys of the Wild West*)（1985年），这两本著作都是美国图书馆学会的著名推荐书籍。

图书在版编目（CIP）数据
著作权合同登记号：图字 17-2019-176

　　林肯图传 /（美）拉塞尔·弗里德曼著 ；曾桂娥译
. -- 武汉：长江文艺出版社，2022.8
　　ISBN 978-7-5702-1845-5

　　Ⅰ. ①林··· Ⅱ. ①拉··· ②曾··· Ⅲ. ①林肯（
Lincoln, Abraham 1809-1865）－传记－青少年读物 Ⅳ.
①K837.127=41

　　中国版本图书馆 CIP 数据核字（2020）第 252879 号

LINCOLN : A Photobiography

by Russell Freedman

Copyright © 1987 by Russell Freedman

Published by arrangement with Clarion Books, an imprint of Houghton Mifflin Harcourt Publishing Company

through Bardon-Chinese Media Agency

Simplified Chinese translation copyright © 2019

by Changjiang Literature and Art Publishing Co., Ltd.
ALL RIGHTS RESERVED

林肯图传
LINKEN TU ZHUAN

策划编辑：陈俊帆
责任编辑：雷　蕾　　　　　　　　责任校对：毛季慧
封面设计：颜森设计　　　　　　　责任印制：邱　莉　　胡丽平

出版：长江出版传媒 | 长江文艺出版社
地址：武汉市雄楚大街 268 号　　　邮编：430070
发行：长江文艺出版社
http://www.cjlap.com
印刷：武汉市首壹印务有限公司

开本：720 毫米×1000 毫米　　1/16　　　印张：10　　　插页：1 页
版次：2022 年 8 月第 1 版　　　　2022 年 8 月第 1 次印刷
字数：103 千字

定价：30.00 元